中国民用航空工业统计年鉴

2012

工业和信息化部装备工业司　编

(京)新登字 041 号

图书在版编目(CIP)数据

中国民用航空工业统计年鉴.2012/工业和信息化部装备工业司编.—北京:中国统计出版社,2013.3

ISBN 978—7—5037—6787—6

Ⅰ.①中… Ⅱ.①工… Ⅲ.①民用航空—航空航天工业—统计资料—中国—2012—年鉴 Ⅳ.①F426.5—54

中国版本图书馆 CIP 数据核字(2013)第 041724 号

中国民用航空工业统计年鉴—2012

作　　者/工业和信息化部装备工业司
责任编辑/申明九　林　丽　陈国华
封面设计/李雪燕
出版发行/中国统计出版社
通信地址/北京市丰台区西三环南路甲 6 号　邮政编号/100073
电　　话/邮购(010)63376909　书店(010)68783171
网　　址/http://csp.stats.gov.cn
印　　刷/河北天普润印刷厂
经　　销/新华书店
开　　本/880×1230mm　1/16
字　　数/120 千字
印　　张/6
版　　别/2013 年 3 月第 1 版
版　　次/2013 年 3 月第 1 次印刷
定　　价/110.00 元

《中国民用航空工业统计年鉴—2012》

说　　明

一、《中国民用航空工业统计年鉴》是一部全面反映中国民用航空工业发展情况的资料性年刊。本年鉴重点反映2011年我国民用航空工业企业的主要统计指标数据，主要指标与2010年进行了对比分析。

二、全书内容分为中国民用航空工业发展概述、综合情况、民用航空产品交付、新增和储备订单情况及转包生产情况以及民用航空工业企业的生产销售总值、主要经济指标等五个部分，并附有统计调查单位名单、主要统计指标解释和统计调查制度。

三、本数据是根据《关于开展全国民用航空工业2011年年报和2012年定期统计报表工作的通知》（工信厅装［2012］57号）和《民用航空工业统计报表制度》（国统制［2010］205号），通过各省、自治区、直辖市民用航空工业管理部门，中国航空工业集团公司、中国商用飞机有限责任公司进行调查统计的结果。其统计范围为从事民用航空器、民用航空发动机、机载系统和设备、零部件、地面设备、随机工具等研发、制造和修理的规模以上企业单位和全部事业单位。

四、年鉴所涉及的全国性统计数据，均未包括我国香港、澳门特别行政区和台湾省数据。没有民用航空工业统计数据的地区不列示。

五、本年鉴部分数据合计数或相对数由于单位取舍不同而产生的计算误差均未作机械调整。

六、本年鉴表中的符号使用说明："空格"表示无该项数据。

七、本年鉴编制工作由工业和信息化部装备工业司领导，在国家统计局指导下，由国家国防科技工业局信息中心统计编印完成的。感谢有关省、自治区、直辖市民用航空工业管理部门、中国航空工业集团公司、中国商用飞机有限责任公司、中国航空工业发展研究中心对此工作的大力支持。

目　　录

四、主要经济指标

五、附　录

中国民用航空工业发展概述

一、民用航空工业企业构成

2011 年，全国民用航空工业统计调查单位 104 个，年末从业人员人数 30.03 万人。这些单位主要分布在 21 个省、直辖市；按三大经济地带分，东部地区 49 个，中部地区 18 个，西部地区 37 个。按注册登记类型，内资企业 94 个，港澳台商投资企业 3 个，外商投资企业 7 个。内资企业中，有限责任公司[①] 48 个，国有企业 28 个。按从业人员分类，2000 人以上单位 38 个，1000—2000 人单位 16 个，300—1000 人单位 24 个，300 人以下单位 26 个。

二、产品交付及订单

2011 年，民用航空产品交付金额 176.41 亿元，比上年增长 4.03%。其中民用飞机交付金额 12.25 亿元，占交付金额的 6.94%，比上年下降 53.59%；发动机整机交付金额 0.12 亿元，占交付金额的 0.07%；飞机零部件 57.88 亿元，占 32.81%，比上年增长 13.80%；发动机零部件 27.10 亿元，占 15.36%，比上年增长 10.40%；其他民用航空产品 17.13 亿元，占 9.71%，比上年增长 39.49%。

民用飞机修理 30.86 亿元，占 17.49%，比上年增长 32.00%；民用航空发动机修理 25.30 亿元，占 14.34%，比上年增长 13.64%；其他民用航空产品及零部件修理 5.78 亿元，占 3.28%；比上年下降 41.37%。

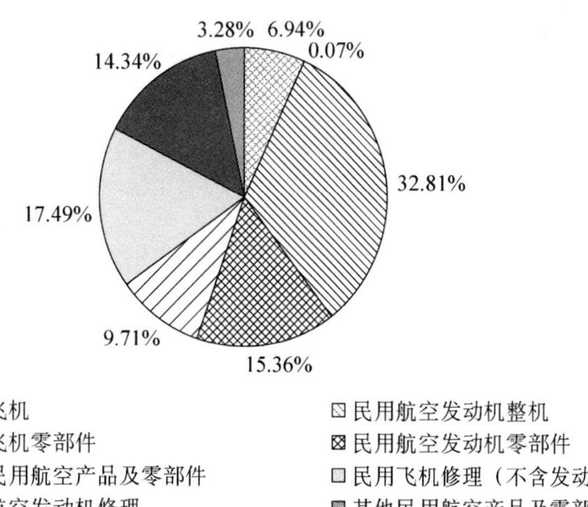

2011 年民用航空产品交付金额构成（%）

---

① 有限责任公司分为国有独资公司和其他有限责任公司。

2011 年，交付民用飞机 84 架，交付金额 122506 万元，数量和金额分别比上年增长 7.69%和下降 53.59%。其中，新舟 60 交付 6 架；新舟 600 交付 1 架；ERJ145 支线客机交付 2 架；小鹰—500、运十二 IV、运十二 E、运五 B 等通用飞机交付 55 架；直升机交付 9 架；特种飞机交付 11 架。截止 2011 年底，累计交付民用飞机 708 架。

2011 年，民用飞机新增订单确认订单 129 架，意向订单 67 架。截至 2011 年底，储备确认订单 340 架，储备意向订单 315 架，其中 ARJ—700 支线客机储备确认订单 161 架，新舟 60 储备确认订单 64 架，C919 干线客机储备确认订单 100 架。

2011 年，转包生产交付金额 103985 万美元，比上年增长 19.37%，其中飞机零部件 59018 万美元，比上年增长 24.44%，发动机零部件 42142 万美元，比上年增长 31.71%，其他民用航空产品及零部件 2826 万美元，比上年下降 63.23%。转包生产新增订单 139337 万美元，比上年增长 28.37%，截至 2011 年底储备订单 322379 万美元，比上年增长 21.98%。分地区看，民用航空产品转包生产主要集中在陕西、辽宁、四川、上海和贵州，转包生产交付额分别占全国 42.62%、24.62%、12.87%、6.38%和 5.93%；其中陕西、辽宁、四川、上海、贵州比上年分别增长 42.57%、35.25%、18.07%、5.70%、17.52%。

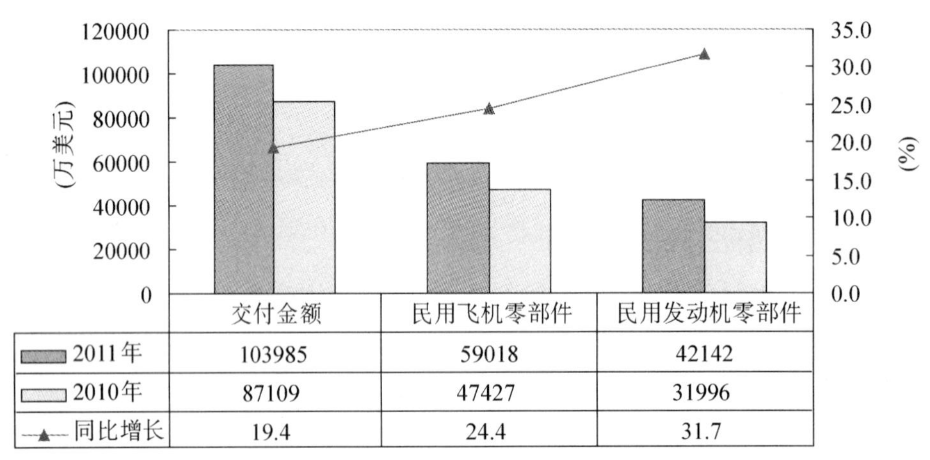

	交付金额	民用飞机零部件	民用发动机零部件
2011年	103985	59018	42142
2010年	87109	47427	31996
同比增长	19.4	24.4	31.7

2011 年转包生产交付及比上年增长情况

三、经济规模与增长速度

2011 年，104 个民用航空工业企业工业总产值[①] 1365.47 亿元，比上年增长 13.27%，民用航空产品产值 200.14 亿元，比上年增长 17.11%。其中民用飞机产品产值 34.96 亿元，比上年增长 11.04%。民用飞机零部件产品产值 57.88 亿元，比上年增长 18.33%。民用航

① 民用航空工业统计对象是从事民用航空产品研发、制造和修理的规模以上企业单位。各项统计指标是单位的全部生产经营活动的总体指标值。为了特别反映民用航空产品的生产经营情况，在可以按产品分类的指标中（工业总产值、主营业务收入、固定资产投资和研究与试验发展经费支出）列示民用航空产品情况。民用航空产品产值包括民用飞机产品产值、民用飞机零部件产值、民用航空发动机产品产值、民用航空发动机零部件产品产值、其他民用航空产品及零部件产值、民用飞机修理产值、民用航空发动机修理产值、其他民用航空产品及零部件修理产值、民用飞机机载系统和设备产值。

空发动机零部件产品产值 25.40 亿元，比上年增长 9.47%。民用飞机修理产值 30.86 亿元，比上年增长 31.29%。民用航空发动机修理产值 25.13 亿元，比上年增长 12.08%。从各地区情况看，排名前三位的是，陕西省民用航空产品产值 50.82 亿元，占总计 25.39%；广东省民用航空产品产值 49.40 亿元，占总计 24.68%；黑龙江省民用航空产品产值 28.13 亿元，占总计 14.06%。

四、经济运行效率与效益

2011 年，民用航空工业企业资产总计 3219.04 亿元，负债合计 1980.49 亿元，所有者权益合计 1288.63 亿元，资产负债率 61.52%。实现主营业务收入 1596.17 亿元，比上年增长 25.58%，其中，民用航空产品收入 196.48 亿元，比上年下降 1.61%，民用航空产品收入占企业主营业务收入的 12.31%，比上年下降 3.4 个百分点。福建、广东主要为飞机和飞机发动机维修企业，主营业务收入就是民用航空产品收入，黑龙江、山东主要从事民用航空产品的生产和销售，其他省市民用航空产品收入占主营业务收入比重较低。民用航空工业企业利润总额 79.76 亿元，比上年增长 20.92%。

2011 年，民用航空工业企业经济效益综合指数 145.90，比上年提高 1.33 点。

五、固定资产投资和研发支出

2011 年，104 个民用航空工业企业固定资产投资额 136.47 亿元，其中民用航空产品投资额 21.09 亿元，比上年增长 60.73%，民用航空产品投资额占企业全部投资的 15.45%。

2011 年，104 个民用航空工业企业研究与实验发展经费支持 134.68 亿元，其中民用航空产品 34.47 亿元，是上年的 2 倍，研究与试验发展经费支出占主营业务收入比重为 8.44%，研究与试验发展人员占全部从业人员比重为 18.20%，工程技术人员占全部从业人员比重为 21.00%。

六、利用外资和对外投资

2011 年，有 12 个单位利用外资和港澳台投资金额 5.16 亿元。其中 2 个单位利用外资和港澳台投资亿元以上。有 9 个单位对外投资金额 40.6 亿元，其中西安飞机工业（集团）有限责任公司在奥地利投资 17.4 亿元。

七、产业布局

中国航空工业集团公司有 55 个企事业单位从事民用航空工业，产值占全国民用航空产品产值的 56.10%；中国商用飞机有限公司有 5 个企事业单位，产值占 2.19%；44 个非集团公司企业从事民用航空工业生产，产值占 41.71%。

2011 年民用航空产品产值分布

地　　区	单位数（个）	民用航空产品产值（万元）	占总计（%）	民用航空产品产值比上年增长（%）
中国航空工业集团公司	55	1122848	56.10	34.23
中国商用飞机有限责任公司	5	43865	2.19	7.71
地方民用航空工业企业	44	834718	41.71	0.35

从民用航空工业产品看，中国航空工业集团公司和中国商用飞机有限公司主要从事民用飞机、民用航空发动机的生产和转包生产。地方民用航空工业企业主要从事民用飞机和民用航空发动机的维修，分布在福建和广东。

民用航空产品收入前 10 名企业占全国民用航空产品收入的 74.76%。

2011 年民用航空产品收入前 10 名企业

名　　次	单位名称
1	西安飞机工业（集团）有限责任公司
2	哈尔滨飞机工业集团有限责任公司
3	珠海保税区摩天宇航空发动机维修有限公司
4	广州飞机维修工程有限公司
5	厦门太古飞机工程有限公司
6	西安航空发动机（集团）有限公司
7	威海广泰空港设备股份有限公司
8	沈阳黎明航空发动机（集团）有限责任公司
9	沈阳飞机工业（集团）有限公司
10	深圳中集天达空港设备有限公司

一

综合情况

1—1 全国民用航空工业企业综合情况

指　　标	计量单位	2011年	2010年	指　　标	计量单位	2011年	2010年
单位数	个	**104**	**115**	**工业总产值**	万元	**13654738**	**12055219**
国有企业	个	28	22	民用飞机产值	万元	349556	314802
股份合作	个	1	1	民用飞机零部件产值	万元	578800	489145
有限责任公司	个	48	49	民用航空发动机零部件产值	万元	254005	232032
股份有限公司	个	9	13	其他民用航空产品及零部件产值	万元	190093	114656
私营公司	个	8	14	民用飞机修理产值	万元	308572	235024
港澳台商投资、外商投资	个	10	16	民用航空发动机修理产值	万元	251257	224167
全部从业人员人数	人	300253	254844	其他民用航空产品及零部件修理产值	万元	63319	99181
民用飞机累计交付数量	架	708	624	民用飞机机载系统和设备产值	万元	5828	
民用飞机本年交付数量	架	84	78	工业增加值	万元	3036938	2881018
民用飞机本年交付金额	万元	122506	192954	资产合计	万元	32190411	24574986
民用飞机新增确认订单	架	129	158	主营业务收入	万元	15961673	12710812
民用飞机新增意向订单	架	67	133	民用航空产品收入	万元	1964813	1996938
民用飞机储备确认订单	架	340	262	主营业务成本	万元	13525952	10668449
民用飞机储备意向订单	架	315	345	利润总额	万元	797564	659605
				经济效益综合指标			
民用航空产品转包生产				经济效益综合指数		145.90	144.57
民用飞机零部件交付金额	万美元	59018	47427	总资产贡献率	%	4.6	3.93
民用发动机零部件交付金额	万美元	42142	31996	资本保值增值率	%	170.8	120.71
其他民用航空产品交付金额	万美元	2826	7686	资产负债率	%	61.5	65.63
民用飞机零部件新增订单	万美元	81464	76296	流动资产周转次数	次/年	0.8	0.84
民用发动机零部件新增订单	万美元	53089	24098	成本费用利润率	%	5.1	5.35
其他民用航空产品新增订单	万美元	4784	8153	全员劳动生产率	元/人年	103415	112613
民用飞机零部件储备订单	万美元	283488	238332	产品销售率	%	97.2	97.53
民用发动机零部件储备订单	万美元	38244	15307	民用航空产品固定资产投资	万元	210867	131197
其他民用航空产品储备订单	万美元	646	10647	民用航空产品（R&D）经费支出	万元	344738	112884

1—2　2011年全国民用航空工业企业主要经济指标

指　　标	单位数（个）	全部从业人员人数（人）	民用航空产品产值（万元）	民用航空产品销售收　入（万元）	工　业增加值（万元）	利润总额（万元）
全国总计	**104**	**300253**	**2001431**	**1964813**	**3036938**	**797564**
按注册登记类型分						
内资企业	94	287561	1308856	1281400	2905110	738413
国有企业	28	78752	159344	153626	753850	229597
集体企业						
股份合作	1	400	4678	4678	4504	3719
有限责任公司	48	191140	1028702	1015939	2010404	446255
股份有限公司	9	16150	109114	100285	128678	56726
私营企业	8	1119	7018	6872	7674	2116
其他企业						
港澳台商投资企业	3	10171	350678	338127	106996	33935
外商投资企业	7	2521	341897	345286	24832	25216
按三大经济地带分						
东部地区	49	98072	986437	929123	958396	302106
中部地区	18	59552	362521	339396	551441	137658
西部地区	37	142629	652473	696294	1527102	357800
总计中：						
中国航空工业集团公司	55	255742	1122848	1078225	2558801	543063
中国商用飞机有限责任公司	5	7806	43865	43309	31821	43975
地方民用航空工业企业	44	36705	834718	843279	446316	210526

1—3 2011年各地区民用航空工业企业主要经济指标

地区	单位数（个）	全部从业人员人数（人）	民用航空产品产值（万元）	民用航空产品销售收入（万元）	工业增加值（万元）	利润总额（万元）
全国总计	**104**	**300253**	**2001431**	**1964813**	**3036938**	**797564**
北京	10	10629	36502	29947	122802	48073
天津	2	1326	4269	4350	11263	15160
河北	2	3628	11435	12465	23311	2033
山西	1	1763	695	670	17123	5401
辽宁	2	35031	145099	94598	434203	68321
吉林	1	2575	843	1083	6177	-1241
黑龙江	3	10729	281320	279936	90505	14215
上海	5	7806	43865	43309	31821	43975
江苏	14	24783	42348	43035	183791	53064
安徽	1	2512	260	164	29118	21564
福建	1	5240	130534	130534	24192	14377
江西	4	17140	48376	35777	146193	27021
山东	8	3559	78414	87763	44209	5658
河南	1	52			84560	38412
湖北	2	9518	12809	4911	47538	6335
湖南	5	15263	18218	16854	130227	25951
广东	5	6070	493971	483123	82804	51445
四川	8	37283	108475	92480	548162	134525
贵州	8	23757	35472	31898	249356	36121
陕西	20	80620	508283	571673	724229	182594
甘肃	1	969	243	243	5355	4560
总计中：						
中国航空工业集团公司	55	255742	1122848	1078225	2558801	543063
中国商用飞机有限责任公司	5	7806	43865	43309	31821	43975
地方民用航空工业企业	44	36705	834718	843279	446316	210526

1—4　2011 年全国民用航空工业企业分布

单位：个

	企业数	按注册登记类型分类						
		国　有	股份合作	有限责任公　司	股份有限公　司	私　营	港澳台	外　资
全国总计	**104**	**28**	**1**	**48**	**9**	**8**	**3**	**7**
北　京	10	2		7	1			
天　津	2			1		1		
河　北	2	1		1				
山　西	1			1				
辽　宁	2	1		1				
吉　林	1	1						
黑龙江	3			2				1
上　海	5	1		4				
江　苏	14	2		4	2	4		2
安　徽	1	1						
福　建	1						1	
江　西	4			3	1			
山　东	8	1		1	1	2		3
河　南	1	1						
湖　北	2	2						
湖　南	5	2	1	2				
广　东	5			1	1		2	1
四　川	8	2		4	2			
贵　州	8	3		4	1			
陕　西	20	8		11		1		
甘　肃	1			1				

1—4　2011 年全国民用航空工业企业分布（续）

单位：个

	总计中：		按从业人员数量分类			
	中国航空工业集团公司	非中国航空工业集团公司	300 人以下	300～1000	1000～2000	2000 以上
全国总计	**55**	**49**	**26**	**24**	**16**	**38**
北　京	4	6	5	2	1	2
天　津	1	1	1		1	
河　北	2				1	1
山　西	1				1	
辽　宁	2					2
吉　林	1					1
黑龙江	2	1	1			2
上　海		5	1	2	1	1
江　苏	3	11	6	5	2	1
安　徽	1					1
福　建		1				1
江　西	4				1	3
山　东	1	7	4	3	1	
河　南	1		1			
湖　北	2					2
湖　南	4	1		2	1	2
广　东		5	1	3		1
四　川	5	3	1	3	1	3
贵　州	7	1		1	3	4
陕　西	13	7	5	2	2	11
甘　肃	1			1		

二

产品交付、新增和储备及转包生产情况

2—1 全国民用航空产品交付情况

产品名称	计量单位	2011 年	2010 年	2009 年	2008 年	2007 年	2011 年比上年增长（%）
全国总计	**万元**	**1764124**	**1695760**	**1298511**	**1443002**	**1471289**	**4.03**
民用飞机整机	万元	122506	263949	216709	172007	197209	-53.59
民用航空发动机整机	万元	1217		969	285	602	
民用飞机零部件	万元	578846	508638	293537	284309	246994	13.80
民用航空发动机零部件	万元	270955	245423	188214	235012	67550	10.40
其他民用航空产品及零部件	万元	171253	122773	62772	115041	196694	39.49
民用飞机修理（不含发动机）	万元	308586	233785	252072	309480	521470	32.00
民用航空发动机修理	万元	252959	222603	242703	291502	177450	13.64
其他民用航空产品及零部件修理	万元	57802	98587	41535	35366	63321	-41.37
民用飞机数量合计	**架**	**84**	**78**	**55**	**30**	**27**	**7.69**
（一）支线客机系列	架	9	24	15	16	12	-62.50
新舟 60	架	6	18	7	10	5	-66.67
新舟 600	架	1		1			
ERJ145	架	2	6	7	6	7	-66.67
（二）运输机系列	架					1	
运八 CE 型机	架					1	
（三）通用飞机系列	架	55	36	30	9	2	52.78
运十二 IV	架	5		6	4	2	
运十二 E	架	2	2				
小鹰—500 飞机	架	20	15	10			33.33
运五 B 飞机	架	5	6	7			-16.67
DA 40 TDI	架	23	13	7	5		76.92
（四）特种飞机	架	11	6	4	2	4	83.33
A2C 超轻型水上飞机	架	11	6	4	2	4	83.33
（五）（五）直升机系列	架	9	12	6	3	8	-25.00
Schweizer 269C—1 型直升机	架					1	
Schweizer 269C 型直升机	架					2	
直九民用系列	架	2	4	6	2	3	
HW13 小型无人机	架	2	3				
S76	架		4				
V750 无人直升机	架	5	1				
CA109	架				1	2	

2—2 各地区民用航空产品交付情况

单位：万元

地　　区	2011年交付金额	2010年交付金额	2009年交付金额	2008年交付金额	2007年交付金额	2011年比上年增长（%）
全国总计	**1764124**	**1695760**	**1298510**	**1443001**	**1471289**	**4.03**
北　京	19729	22808	2806	4083	3846	-13.50
天　津	4060	27621				-85.30
河　北	7639	7406	6210	460	320	3.15
山　西	670	1067	538	1697	1057	-37.21
辽　宁	164158	128717	95152	91393	70847	27.53
吉　林	1083	758	709	454	485	42.88
黑龙江	51920	92955	138408	85089	106090	-44.15
上　海	43775	42687	34566	33421	36917	2.55
江　苏	35509	82234	60005	72862	47191	-56.82
浙　江		334		533	469	
福　建	130534	101410	109593	189713	399091	28.72
江　西	48376	12657	3186	8410	51853	282.21
山　东	90479	81691	37905	77234	53658	10.76
湖　北	12770	40329	31850	32466	21182	-68.34
湖　南	19541	18603	8952	13179	27303	5.04
广　东	485923	389821	395809	419954	303805	24.65
四　川	88632	90831	75629	82126	88835	-2.42
贵　州	50050	38575	37318	18549	35682	29.75
云　南					143	
陕　西	509032	515003	259569	310378	221851	-1.16
甘　肃	243	123	109	103	277	97.56
总计中：						
中国航空工业集团公司	912973	813248	530157	521055	529371	12.26
中国商用飞机有限责任公司	43775	42687	34470	32980		2.55
地方民用航空工业企业	807376	839825	733883	888966	941918	-3.86

2—3 各单位民用飞机交付情况

单位：架

单位名称	民用飞机型号	累计交付数量	2011年	2010年	2009年	2008年	2007年
全国总计		**708**	**84**	**78**	**55**	**30**	**27**
	（一）支线客机系列	193	9	24	15	16	12
西安飞机工业（集团）有限责任公司	运七基本型	18					
	运七一100型	20					
	运七一100选装型	45					
	运七一HV500型	6					
	新舟60	61	6	18	7	10	5
	新舟600	2	1		1		
哈尔滨安博威飞机工业有限公司	ERJ145	41	2	6	7	6	7
	（二）运输机系列	21					1
陕西飞机工业（集团）有限公司	运八外贸机	15					
	运八B民用机	2					
	运八F100邮政机	3					
	运八CE型机	1					1
	（三）通用飞机系列	401	55	36	30	4	2
哈尔滨飞机工业集团有限责任公司	运十二Ⅰ、运十二Ⅱ、运十二B	113					
	运十二Ⅳ	30	5	2	6	4	2
	运十二E	10	2				
	运十二C	4					
北京科源轻型飞机实业有限公司	蓝鹰AD200	21					
石家庄飞机工业有限责任公司	小鹰一500飞机	59	20	15	10		
	运五B飞机	91	5	6	7		
江西洪都航空工业股份有限公司	海燕机	7					
	农五A	18					
山东滨奥飞机制造有限公司	DA40TDI	48	23	13	7	5	
	（四）特种飞机	40	11	6	4	2	4
中国特种飞行器研究所	A2C超轻型水上飞机	40	11	6	4	2	4
	（五）直升机系列	53	9	12	6	8	8
北京浩天翼航空技术有限公司	HW13小型无人机	5	2	3			
青岛海利直升机制造有限公司	V750无人直升机	6	5	1			
上海西科斯基飞机有限公司	Schweizer 269C—1型直升机	6					1
	Schweizer 269C型直升机	9					2
	Schweizer 269D型直升机	1					
哈尔滨飞机工业集团有限责任公司	直九民用系列	17	2	4	6	2	3
	H410	1					
江西昌河航空工业有限公司	CA109	3				1	2
	S76	5		4			

2—4　各单位民用发动机交付情况

单位：台

单位名称	民用发动机型号	累计交付数　量	2011 年	2010 年	2009 年	2008 年	2007 年
全国总计		**26**	**12**		**3**	**1**	**4**
中国南方航空工业（集团）有限公司	涡轴 8F 航空发动机	2	2				
	活塞 6 航空发动机	10	10				
	涡轴 8A 航空发动机	8			3		2
	涡轴 8D 航空发动机	6				1	2

2—5　各主要单位民用航空零部件交付情况

单位：万元

单位名称	民用航空零部件名称	2011 年交付金额	2010 年交付金额	2009 年交付金额	2008 年交付金额	2007 年交付金额
全国总计		**1021055**	**876835**	**691067**	**634361**	**405447**
西安飞机工业（集团）有限责任公司	民用飞机零部件	284564	220729	79384	70938	55425
西安航空发动机（集团）有限公司	民用航空发动机零部件	113169	100586	87935	126422	105791
沈阳飞机工业（集团）有限公司	民用飞机零部件	105398	83273	57454	41446	35064
沈阳黎明航空发动机（集团）有限责任公司	民用航空发动机零部件	58760	45444	34361	49070	34224
威海广泰空港设备股份有限公司	其他民用航空产品及零部件	51672	45000	3196	45724	28435
深圳中集天达空港设备有限公司	其他民用航空产品及零部件	47353	34261	43114	44844	47323
上海飞机制造有限公司	其他民用航空产品及零部件	43775	42687	34470	32917	35884
成都飞机工业（集团）有限责任公司	民用飞机零部件	41453	44550	47614	41327	42168
成都发动机（集团）有限公司	民用航空发动机零部件	39342	25850	17836	23185	20266
贵州黎阳航空发动机（集团）有限公司	民用航空发动机零部件	33402	25555	23952	9114	
新宇航空制造（苏州）有限公司	民用飞机零部件	29000	27962	28413	26665	
江西洪都航空工业（集团）有限责任公司	其他民用航空产品及零部件	23418	680			
陕西天达航空标准件有限公司	其他民用航空产品及零部件	14525				
江西洪都航空工业股份有限公司	其他民用航空产品及零部件	13412	680			
航宇救生装备有限公司	其他民用航空产品及零部件	12385	6568	2594		
中国南方航空工业（集团）有限公司	民用航空发动机零部件	9033	8825			
昌河飞机工业（集团）有限责任公司	民用飞机零部件	8372	1074			
陕西宏远航空锻造有限责任公司	其他民用航空产品及零部件	7736	5434		119	
北京航空材料研究院	其他民用航空产品及零部件	7289				
北京百慕航材高科技股份有限公司	民用航空发动机零部件	6845	5469			
贵州红林机械有限公司	其他民用航空产品及零部件	5793	5122	3818	3709	
西安航空动力控制有限责任公司	民用飞机零部件	5488	4590			7333
湖南省博云新材料股份有限公司	民用飞机零部件	4678	4153	3170	5634	4665
西安航空制动科技有限公司	民用飞机零部件	4491	2472	4377	6782	
北京航科发动机控制系统科技有限公司	民用航空发动机零部件	3778				
天津华翼蓝天科技有限公司	其他民用航空产品及零部件	3768	2029			
汕头市西北航空用品有限公司	民用飞机零部件	3701				
庆安集团有限公司	民用飞机零部件	3673	3076	2382		
贵州云马飞机制造厂	民用飞机零部件	3638	4880	3595	3182	
贵州安大航空锻造有限责任公司	民用航空发动机零部件	3636	908			
中航飞机起落架有限责任公司	民用飞机零部件	3229	4276	3460	5934	
江西昌河航空工业有限公司	民用飞机零部件	3174	1338	2506	4914	
贵州航天精工制造有限公司	民用航空发动机零部件	2592	300		300	
无锡透平叶片有限公司	民用航空发动机零部件	2299	2312	3551		
华德宝机械（昆山）有限公司	其他民用航空产品及零部件	2172	1925		347	
哈尔滨东安发动机（集团）有限公司	民用飞机零部件	2085	3522			
陕西飞机工业（集团）有限公司	其他民用航空产品及零部件	1740	1740	1263	1638	
西安市康铖机械制造有限公司	民用飞机零部件	1270	1270	676		
北京北摩高科摩擦材料有限责任公司	民用飞机零部件	1113	1113	1113		1117
吉林航空维修有限责任公司	其他民用航空产品及零部件	1070	1070	758	657	425

2—6 各主要单位民用航空产品修理交付情况

单位：万元

单位名称	修理产品	2011年交付	2010年交付	2009年交付	2008年交付	2007年交付
全国总计		**619347**	**554975**	**536309**	**636348**	**762240**
珠海保税区摩天宇航空发动机维修有限公司	民用航空发动机修理	252428	218567	242350	279254	162114
广州飞机维修工程有限公司	其他民用航空产品及零部件修理	161801	30233	82670	95856	94368
厦门太古飞机工程有限公司	民用航空发动机修理	130534	101410	109593	155226	359018
山东太古飞机工程有限公司	其他民用航空产品及零部件修理	31758	4526	30532	29664	24918
广州航新航空科技股份有限公司	民用飞机修理	19400				
西安航空制动科技有限公司	其他民用航空产品及零部件修理	12873	7855	6796	3510	2040
四川川大智胜软件股份有限公司	其他民用航空产品及零部件修理	6456				
深圳中集天达空港设备有限公司	其他民用航空产品及零部件修理	1240				
昆山新宇航航空器材有限公司	其他民用航空产品及零部件修理	680	335	400	220	
南京常荣噪声控制环保工程有限公司	其他民用航空产品及零部件修理	650	527	410		
成都凯天电子股份有限公司	其他民用航空产品及零部件修理	389	119	153		
无锡翼龙航空设备有限公司	其他民用航空产品及零部件修理	351	336	1020	377	238
哈尔滨东安发动机（集团）有限公司	民用航空发动机修理	300	176		895	510
中国南方航空工业（集团）有限公司	民用航空发动机修理	231	454			
石家庄飞机工业有限责任公司	民用飞机修理	192	47	78	69	
济南特种结构研究所	其他民用航空产品及零部件修理	26	51	39		
北京青云航空仪表有限公司	其他民用航空产品及零部件修理	24	59		71	
吉林航空维修有限责任公司	民用飞机修理	13		52		
山东滨奥飞机制造有限公司	民用飞机修理	1				

2—7　全国民用航空产品新增订单和储备订单

产品名称	计量单位	2011年新增订单		2011年储备订单		2010年新增订单		2010年储备订单	
		确认	意向	确认	意向	确认	意向	确认	意向
民用飞机合计	**架**	**129**	**67**	**340**	**315**	**158**	**133**	**262**	**345**
（一）干线飞机	**架**	**50**	**65**	**100**	**115**	**50**	**50**	**50**	**50**
C919	架	50	65	100	115	50	50	50	50
（二）支线客机系列	**架**	**30**	**2**	**225**	**147**	**20**	**29**	**192**	**106**
新舟60	架	18	2	64	56	18	29	41	15
ERJ145	架							2	
ARJ21—700	架	12		161	91	2		149	91
（三）运输机系列	**架**								
运八F600	架								
运八型运输机	架								
（四）通用飞机系列	**架**	**37**		**8**	**30**	**77**	**16**	**13**	**16**
运十二IV	架	4		8	30	12	16	13	16
运十二E	架								
运五B飞机	架					6			
小鹰—500飞机	架					15			
DA 40 TDI	架	33				44			
（五）特种飞机	**架**	**5**				**4**			
A2C超轻型水上飞机	架	5				4			
（六）直升机系列	**架**	**7**		**7**	**23**	**7**	**38**	**7**	**173**
HW13小型无人机	架	2							
Schweizer 269C—1型直升机	架								
chweizer 269C型直升机	架								
CA109	架								
直九民用系列	架			7	23	7	23	7	23
V750无人直升机	架	5					15		150
民用航空发动机整机合计	**台**	**12**							
涡轴8A航空发动机	台								
涡轴8F航空发动机	台	2							
活塞6航空发动机	台	10							
民用飞机零部件	万元	514731	3110	757739	3481	116925	10545	169018	58796
民用航空发动机零部件	万元	318994	4560	247606	1805	158960	596	103976	45
其他民用航空产品及零部件	万元	123034	5000	24479	20	113251	7546	91861	513
民用飞机修理（不含发动机）	万元	300578	11909	1738	3970	233303	6553	9566	2115
民用航空发动机修理	万元	225969	224426	12780	12780	180			
其他民用航空产品及零部件修理	万元	104923	428	16872	16	52954	428	412	740

2—8　各单位民用飞机新增和储备订单

单位：架

企业名称	民用飞机型号	2011年新增		2011年储备		2010年新增		2010年储备	
		确认	意向	确认	意向	确认	意向	确认	意向
全国总计		**129**	**67**	**340**	**315**	**158**	**133**	**262**	**345**
	（一）干线飞机	**50**	**65**	**100**	**115**	**50**	**50**	**50**	**50**
中航商用飞机有限公司	C919	50	65	100	115	50	50	50	50
	（二）支线客机系列	**30**	**2**	**225**	**147**	**20**	**29**	**192**	**106**
西安飞机工业（集团）有限责任公司	新舟60	18	2	64	56	18	29	41	15
哈尔滨安博威飞机工业有限公司	ERJ145							2	
中航商用飞机有限公司	ARJ21—700	12		161	91	2		149	91
	（三）运输机系列								
陕西飞机工业（集团）有限公司	运八F600								
	运八型运输机								
	（四）通用飞机系列	**37**		**8**	**30**	**77**	**16**	**13**	**16**
哈尔滨飞机工业集团有限责任公司	运十二IV	4		8	30	12	16	13	16
	运十二E								
石家庄飞机工业有限责任公司	鹰—500飞机					15			
	运五B飞机					6			
山东滨奥飞机制造有限公司	DA 40 TDI	33				44			
	（五）特种飞机	**5**				**4**			
中国特种飞行器研究所	A2C超轻型水上飞机	5				4			
	（六）直升机系列	**7**		**7**	**23**	**7**	**38**	**7**	**173**
北京浩天翼航空技术有限公司	HW13小型无人机	2							
江西昌河航空工业有限公司	CA109								
哈尔滨飞机工业集团有限责任公司	直九民用系列			7	23	7	23	7	23
上海西科斯基飞机有限公司	Schweizer 269C—1型直升机								
	Schweizer 269C型直升机								
潍坊天翔航空工业有限公司	V750无人直升机	5					15		150

2—9 全国民用航空产品转包生产情况

单位：万美元

	2011年	2010年	2009年	2008年	2007年	2011年比上年增长（%）
交付金额	**103985**	**87109**	**69435**	**70655**	**51995**	**19.37**
民用飞机零部件	59018	47427	40864	35728	25633	24.44
民用发动机零部件	42142	31996	26849	33346	25865	31.71
其他民用航空产品及零部件	2826	7686	1722	1581	498	-63.23
新增订单金额	**139337**	**108547**	**85883**	**169000**	**73883**	**28.37**
民用飞机零部件	81464	76296	32185	143645	38170	6.77
民用发动机零部件	53089	24098	52676	25355	35289	120.30
其他民用航空产品及零部件	4784	8153	1022		424	-41.32
储备订单金额	**322379**	**264286**	**232610**	**201704**	**68744**	**21.98**
民用飞机零部件	283488	238332	184564	186012	38374	18.95
民用发动机零部件	38244	15307	47527	15682	30370	149.85
其他民用航空产品及零部件	646	10647	519	10		-93.93

2—10 各地区民用航空产品转包生产交付情况

单位：万美元

	2011 年	2010 年	2009 年	2008 年	2007 年	2011 年比上年增长（%）
全国总计	**103985**	**87109**	**69435**	**70656**	**51995**	**19.37**
北　京	1700	518	393	381	290	228.19
天　津						
辽　宁	25602	18929	13486	13105	9373	35.25
黑龙江	296	786	405	530	381	-62.34
上　海	6635	6277	6087	4717	4667	5.70
江　苏	173	4535	4282	6076	121	-96.19
浙　江		10			105	
安　徽	39		29	111	100	
江　西	2236	471	628	772	229	374.73
山　东	168		183			
湖　北	109	66	72	2	4	65.15
湖　南	3157	2771	1805	2424	1064	13.93
广　东		5078				
四　川	13378	11331	9940	8968	8514	18.07
贵　州	6171	5251	5290	4038	4330	17.52
陕　西	44322	31087	26835	29531	22818	42.57
总计中：						
中国航空工业集团公司	94476	71153	59006	59980	51884	32.78
中国商用飞机有限责任公司	6635	6277	6087	4717		5.70
地方民用航空工业企业	2874	9678	4342	5959	111	-70.30

2—11 各地区民用航空产品转包生产新增情况

单位：万美元

	2011年	2010年	2009年	2008年	2007年	2011年比上年增长（%）
全国总计	**139337**	**108547**	**85883**	**169000**	**73883**	**28.37**
北　京	3009	358	393	381		740.50
天　津	3016	1609				87.45
河　北						
辽　宁	9180	19190	4427	7010	8373	-52.16
黑龙江	92	357	220		368	-74.23
上　海	60704			29050		
江　苏		2661	7240	5487	4	
浙　江		12				
安　徽					200	
江　西	2532	122	451			1975.41
山　东	95		20			
河　南						
湖　北	109	66	72	2	4	65.15
湖　南	3370	2891	1805	687		16.57
广　东		4444				
四　川	20881	13250	9968	10832	5787	57.59
贵　州	2078	1448	2367	1871	5070	43.51
陕　西	34271	62141	58920	113680	54077	-44.85
总计中：						
中国航空工业集团公司	72126	99822	78623	134391	73879	-27.75
中国商用飞机有限责任公司	60704			29050		
地方民用航空工业企业	6507	8725	7260	5487	4	

2—12 各地区民用航空产品转包生产储备情况

单位：万美元

	2011年	2010年	2009年	2008年	2007年	2011年比上年增长（%）
全国总计	**322379**	**264286**	**232610**	**201704**	**68744**	**21.98**
北　京	1309	360			350	263.61
天　津						
河　北						
辽　宁		12498			4147	
黑龙江		300	150		100	
上　海	74662	20593	26870	32839	8506	262.56
江　苏		2493	9045	5949		
浙　江		15				
安　徽						
江　西			150			
山　东	31		80			
湖　北						
湖　南	328	120				173.33
广　东		9330				
四　川		11134	10765	10198	3502	
贵　州	4096	3591	3039	272	3586	14.06
陕　西	199178	203852	182511	152446	48553	-2.29
总计中：						
中国航空工业集团公司	246273	231495	196615	162856	68744	6.38
中国商用飞机有限责任公司	74662	20593	26870	32839		262.56
地方民用航空工业企业	1444	12198	9125	6009		-88.16

2－13 各单位民用航空产品转包生产交付情况

单位：万美元

企业名称	2011年	2010年	2009年	2008年	2007年	2011年比上年增长（%）
西安飞机工业（集团）有限责任公司	22081	13952	12017	10122	7245	58.26
西安航空发动机（集团）有限公司	17847	14792	13779	17618	14249	20.65
沈阳飞机工业（集团）有限公司	16520	12246	8455	6095	4870	34.90
沈阳黎明航空发动机（集团）有限责任公司	9082	6683	5031	7010	4503	35.90
成都飞机工业（集团）有限责任公司	6799	7069	7002	5230	5462	－3.82
上海飞机制造有限公司	6635	6277	6087	4717	4665	5.70
成都发动机（集团）有限公司	6083	3876	2613	3392	2733	56.94
贵州黎阳航空发动机（集团）有限公司	4772	3654	3417	3104	3369	30.60
中国南方航空工业（集团）有限公司	2408	2019	1305	1737	707	19.27
昌河飞机工业（集团）有限责任公司	1553	165				841.21
陕西宏远航空锻造有限责任公司	1376	1004		1031		37.05
西安市康铖机械制造有限公司	1270					
北京百慕航材高科技股份有限公司	1263	160				689.38
贵州红林机械有限公司	892	740	540	420	276	20.54
西安航空动力控制有限责任公司	851	681	569	364	397	24.96
中航飞机起落架有限责任公司	749	643	401	600	357	16.49
庆安集团有限公司	585	454	348	222	132	28.85
成都凯天电子股份有限公司	496	386	325			28.50
江西昌河航空工业有限公司	479	206	528	702	159	132.52
北京航科发动机控制系统科技有限公司	437					
江西洪都航空工业股份有限公司	204	100	100	70	70	104.00
哈尔滨飞机工业集团有限责任公司	204	429	193	530		－52.45
贵州云马飞机制造厂	201	718	529	442	277	－72.01
陕西飞机工业（集团）有限公司	193	120	60	112		60.83
无锡压缩机股份有限公司	173					
贵州安大航空锻造有限责任公司	158	139				13.67
中航力源液压股份有限公司	148					
山东太古飞机工程有限公司	126					
西安航空制动科技有限公司	117	84	62	62	64	39.29
航宇救生装备有限公司	109	66	72	2	4	65.15
哈尔滨东安发动机（集团）有限公司	92	357	212		8	－74.23

三

生产销售总值

3—1 全国民用航空工业企业生产销售总值

指标名称	计量单位	2011 年	2010 年	2009 年	2008 年	2007 年	2011 年比上年增长（%）
工业总产值（当年价格）	**万元**	**13654738**	**12055219**	**9540737**	**10092961**	**9279292**	**13.27**
其中：新产品产值	万元	4599560	4786671	3128115	4408764	4142108	-3.91
其中：民用飞机产品产值	万元	314802	334806	406127	578030		-5.97
民用飞机零部件产品产值	万元	578800	489145	316610	294245	252175	18.33
民用航空发动机产品产值	万元			1218	1207	1205	
民用航空发动机零部件产品产值	万元	254005	232032	192498	229458	185369	9.47
其他民用航空产品及零部件产值	万元	190093	114656	51316	72582	50721	65.79
民用飞机修理产值（不含发动机）	万元	308572	235024	250383	682336	528397	31.29
民用航空发动机修理产值	万元	251257	224167	242428	366251	187445	12.08
其他民用航空产品及零部件修理产值	万元	63319	99181	85387	48925	51379	-36.16
民用飞机机载系统和设备产值	万元	5828					
工业销售产值（当年价格）	**万元**	**13275650**	**11757363**	**8749033**	**9911484**	**9115477**	**12.91**
其中：出口交货值	万元	1857809	1583100	1333679	2094061	1618917	17.35
全部从业人员年平均人数	**人**	**293666**	**255833**	**234548**	**247234**	**246708**	**14.79**
工业增加值	**万元**	**3036938**	**2881018**	**2229284**	**2304750**	**2224215**	**5.41**

3—2 2011年各地区民用航空产品产值

地区	单位数（个）	民用航空产品产值（万元）	各占地总计（%）	民用航空产品产值比上年增长（%）	民用飞机产品产值（万元）	民用飞机零部件产品产值（万元）
全国总计	**104**	**2001431**	**100**	**17.11**	**349556**	**578800**
北京	10	36502	1.82	59.65	140	11200
天津	2	4269	0.21	-84.31		292
河北	2	11435	0.57	-11.25	11243	
山西	1	695	0.03	-36.47		695
辽宁	2	145099	7.25	43.83		87530
吉林	1	843	0.04	11.21		
黑龙江	3	281320	14.06	0.01	277551	3469
上海	5	43865	2.19	7.71		43386
江苏	14	42348	2.12	-48.88		30000
安徽	1	260	0.01			260
福建	1	130534	6.52	28.72		
江西	4	48376	2.42	282.18		30075
山东	8	78414	3.92	20.92	5746	137
河南	1					
湖北	2	12809	0.64	-68.24	424	
湖南	5	18218	0.91	-3.51		8954
广东	5	493971	24.68	22.37		3701
四川	8	108603	5.43	15.19	6456	51618
贵州	8	35472	1.77	45.48		5664
陕西	20	508155	25.39	34.64	47996	301575
甘肃	1	243	0.01	97.56		243
总计中：						
中国航空工业集团公司	55	1122848	56.10	34.23	313547	487746
中国商用飞机有限责任公司	5	43865	2.19	7.71		43386
地方民用航空工业企业	44	834718	41.71	0.35	36009	47668

3—2 2011年各地区民用航空产品产值（续）

地区	民用航空发动机零部件产品产值（万元）	其他民用航空产品及零部件产值（万元）	民用飞机修理产值（不含发动机）（万元）	民用航空发动机修理产值（万元）	其他民用航空产品及零部件修理产值（万元）	民用飞机机载系统和设备产值（万元）
全国总计	**254005**	**190093**	**308572**	**251257**	**63319**	**5828**
北京	5041	2397			12024	5700
天津		3977				
河北			192			
山西						
辽宁	57569					
吉林		843				
黑龙江				300		
上海		479				
江苏		10668			1680	
安徽						
福建			130534			
江西		18301				
山东		40773	31632		126	
河南						
湖北		12385				
湖南	9033			231		
广东		57103	146214	250726	36227	
四川	40423	9589			389	128
贵州	22472	7336				
陕西	119468	26242			12873	
甘肃						
总计中：						
中国航空工业集团公司	251658	55888	192	531	13286	
中国商用飞机有限责任公司		479				
地方民用航空工业企业	2348	133726	308380	250726	50033	5828

3—3 2011年各地区民用航空工业企业工业总产值

地区	单位数（个）	工业总产值（万元）	比上年增长（%）	新产品产值（万元）	比上年增长（%）	新产品占总产值比重（%）
全国总计	**104**	**13654738**	**13.27**	**4599560**	**-3.91**	**33.68**
北京	10	403753	202.89	71104	85.80	17.61
天津	2	36598	-21.87	6510	33.10	17.79
河北	2	63619	-64.11	1160	-97.73	1.82
山西	1	38133	26.47	6282	36.86	16.47
辽宁	2	1912784	-12.22	1580114	-15.11	82.61
吉林	1	25572	36.59	1997	0.66	7.81
黑龙江	3	750323	-4.70	45167	-60.34	6.02
上海	5	167024	55.58	4010		2.40
江苏	14	1241939	9.97	137092	-10.46	11.04
安徽	1	109878		32126		29.24
福建	1	130534	28.72			0.00
江西	4	1169624	115.34	189366	83.95	16.19
山东	8	143719	25.10	27145	2.23	18.89
河南	1	177486	-25.49	45415		25.59
湖北	2	227500		89724		39.44
湖南	5	469939	27.60	158670	103.09	33.76
广东	5	506444	25.46	190447	39.02	37.60
四川	8	2302492	5.91	755599	-20.89	32.82
贵州	8	723770	31.14	266135	51.64	36.77
陕西	20	3033084	8.77	979615	1.55	32.30
甘肃	1	20523	-4.66	11881	12.55	57.89
总计中：						
中国航空工业集团公司	55	11122605	16.08	3924338	-2.57	35.28
中国商用飞机有限责任公司	5	167024	55.58	4010		2.40
地方民用航空工业企业	44	2365109	-0.05	671212	-11.56	28.38

3—4 2011年各地区民用航空工业企业销售情况

地区	工业总产值（万元）	工业销售产值（万元）	比上年增长（%）	出口交货值（万元）	比上年增长（%）	工业产品产销率（%）
全国总计	**13654738**	**13275650**	**12.91**	**1857809**	**17.35**	**97.22**
北京	403753	381340	190.82	32073	83.85	94.45
天津	36598	36659	-26.29	50	-99.80	100.17
河北	63619	61377	-66.38		-100.00	96.48
山西	38133	35246	29.30	3284	-4.31	92.43
辽宁	1912784	1962933	-9.54	172846	35.89	102.62
吉林	25572	25563	37.78	4736	284.42	99.96
黑龙江	750323	737774	-5.65	19371	-34.79	98.33
上海	167024	166607	52.41	45973	7.70	99.75
江苏	1241939	1204997	9.61	255309	25.76	97.03
安徽	109878	108015		2183		98.30
福建	130534	130534	28.72	126259	39.98	100.00
江西	1169624	1059786	113.56	81149	53.08	90.61
山东	143719	146486	29.23	22538	38.73	101.93
河南	177486	177486				100.00
湖北	227500	224154	-4.24	7794	-53.15	98.53
湖南	469939	426244	26.70	31006	4.46	90.70
广东	506444	505472	29.67	215314	53.12	99.81
四川	2302492	2212536	3.91	333199	-4.00	96.09
贵州	723770	667514	23.07	85206	72.22	92.23
陕西	3033084	2989197	11.58	419355	8.33	98.55
甘肃	20523	15731	-26.63	165	189.47	76.65
总计中：						
中国航空工业集团公司	11122605	10799510	15.43	1279152	25.35	97.10
中国商用飞机有限责任公司	167024	166607	52.41	45973	7.70	99.75
地方民用航空工业企业	2365109	2309533	0.77	532684	2.45	97.65

3—5 2011年各地区民用航空工业企业工业增加值

地 区	工业总产值（万元）	工业增加值（万元）	比上年增长（%）	全部从业人员年平均人数（人）	工业增加值率（%）	全员劳动生产率（元/人.年）
全国总计	**13654738**	**3036938**	**5.41**	**293666**	**22.24**	**103415**
北 京	403753	122802	116.12	10455	30.42	117458
天 津	36598	11263	12.37	1345	30.77	83740
河 北	63619	23311	-54.42	3633	36.64	64165
山 西	38133	17123	-19.95	1725	44.90	99264
辽 宁	1912784	434203	-2.68	34042	22.70	127549
吉 林	25572	6177	25.68	2586	24.16	23886
黑龙江	750323	90505	-22.08	10673	12.06	84798
上 海	167024	31821	-18.52	6656	19.05	47808
江 苏	1241939	183791	-28.30	24347	14.80	75488
安 徽	109878	29118		2512	26.50	115916
福 建	130534	24192	-3.07	5240	18.53	46168
江 西	1169624	146193	28.56	17043	12.50	85779
山 东	143719	44209	-0.52	3466	30.76	127549
河 南	177486	84560		2058	47.64	410884
湖 北	227500	47538	-26.56	9249	20.90	51398
湖 南	469939	130227	23.33	14827	27.71	87831
广 东	506444	82804	-39.21	5758	16.35	143807
四 川	2302492	548162	3.70	35618	23.81	153900
贵 州	723770	249356	34.40	21339	34.45	116855
陕 西	3033084	724229	10.88	80187	23.88	90318
甘 肃	20523	5355	-22.47	907	26.09	59041
总计中：						
中国航空工业集团公司	11122605	2558801	17.55	252707	23.01	101256
中国商用飞机有限责任公司	167024	31821	-18.52	6656	19.05	47808
地方民用航空工业企业	2365109	446316	-32.90	34303	18.87	130110

3—6 2011年主要单位生产销售情况

（按民用航空产品产值排序）

单位名称	民用航空产品产值（万元）	工业增加值（万元）	出口交货值（万元）	全部从业人员年平均人数（人）	全员劳动生产率（元/人．年）
西安飞机工业（集团）有限责任公司	332560	224179	190275	23698	94598
哈尔滨飞机工业集团有限责任公司	255268	40198	16727	5727	70190
珠海保税区摩天宇航空发动机维修有限公司	250726	55761	157643	550	1013845
广州飞机维修工程有限公司	161801	69240	20979	3903	177402
厦门太古飞机工程有限公司	130534	24192	126259	3903	46168
西安航空发动机（集团）有限公司	119468	161922	131189	12994	124613
沈阳飞机工业（集团）有限公司	87530	232564	116589	16160	143913
沈阳黎明航空发动机（集团）有限责任公司	57569	201639	56260	17882	112761
深圳中集天达空港设备有限公司	57103	13564	36201	750	180855
上海飞机制造有限公司	43386	29145	43386	4011	72663
威海广泰空港设备股份有限公司	40682	15866	7560	807	196605
成都发动机（集团）有限公司	40423	64936	87609	5578	116414
山东太古飞机工程有限公司	31758	21137	13221	1367	154623
新宇航空制造（苏州）有限公司	30000	3530	29000	285	123860
哈尔滨安博威飞机工业有限公司	23667				
贵州黎阳航空发动机（集团）有限公司	17751	116300	62202	10523	110520
贵州黎阳航空发动机（集团）有限公司	17751	116300	62202	10523	110520
北京安达维尔科技有限公司	17700			250	
西安航空制动科技有限公司	17346	39163	1548	5098	76820
陕西天达航空标准件有限公司	14525	5084		292	174105
航宇救生装备有限公司	12385	39151	7794	7150	54757
江西洪都航空工业（集团）有限责任公司	12000	26735	12035	3086	86633
石家庄飞机工业有限责任公司	11435	7308		1310	55786
南京莱斯信息技术股份有限公司	10311	6845		581	117814
中国南方航空工业（集团）有限公司	9033	86339	27708	8700	99240
昌河飞机工业（集团）有限责任公司	8372	12525	8372	1118	112034
陕西宏远航空锻造有限责任公司	7452	38888	9219	2169	179290
北京航空材料研究院	7289	60529	14365	4817	125657
北京百慕航材高科技股份有限公司	7130	15210	13874	1241	122562
四川川大智胜软件股份有限公司	6456	8608		299	287893
江西洪都航空工业股份有限公司	6301	38309	57568	8422	45487
贵州红林机械有限公司	6300	30339	6827	2403	126255
山东滨奥飞机制造有限公司	5746	165	1757	210	7840
西安航空动力控制有限公司	5664	9953	5488	5894	16887
湖南省博云新材料股份有限公司	4678	4504	369	380	118526
成都凯天电子股份有限公司	4067	23749	6302	1662	142894
天津华翼蓝天科技有限公司	3977	1350		101	133663
北京航科发动机控制系统科技有限公司	3778	8176	2875	899	90945
贵州云马飞机制造厂	3638	29846	1329	3036	98307
贵州安大航空锻造有限责任公司	3636	28695	2795	1251	229376
贵州航天精工制造有限公司	3110			755	
中航飞机起落架有限责任公司	3054	25107	2056	3277	76616
陕西飞机工业（集团）有限公司	2982	100284	52306	8799	113972
哈尔滨东安发动机（集团）有限公司	2385	50307	2644	4946	101712
中航电测仪器股份有限公司	2117	23259	15279	2138	108789
中航力源液压股份有限公司	1027	20091	4357	1838	109309

四

主要经济指标

4—1 全国民用航空工业企业主要经济指标

指标名称	计量单位	2011 年	2010 年	2009 年	2008 年	2007 年	2011 年比上年增长（%）
一、年末资产负债							
流动资产合计	万元	21346513	15987920	13134892	11540315	9536828	33.52
流动资产年平均余额	万元	19767431	15056220	11225897	10579285	8562266	31.29
固定资产合计	万元	8510861	6468264	4910761	4633424	4161171	31.58
固定资产原价	万元	9359047	7569942	6341046	6214679	5443147	23.63
其中：生产经营用	万元	7105557	6369636	5317397	5487271	4522069	11.55
固定资产净值年平均余额	万元	5305975	4518383	4923521	3413081	3125701	17.43
资产总计	万元	32190411	24574986	19879088	17815966	14508341	30.99
负债合计	万元	19804859	16128538	12945866	11466385	10124709	22.79
所有权益合计	万元	12886279	8361300	6926703	6353941	4742018	54.12
其中：实收资本	万元	5388514	3128121	2907244	2703389	2381770	72.26
二、损益及分配							
主营业务收入	万元	15961673	12710812	9117083	9925148	9265478	25.58
其中：民用航空产品收入	万元	1964813	1996938	1558441	1603068	1570271	-1.61
主营业务成本	万元	13525952	10668449	7512666	8122597	7491997	26.78
主营业务税金及附加	万元	62098	43212	36326	28354	27332	43.71
其他业务利润	万元	47858	73556	56324	62696	202429	-34.94
营业费用	万元	263310	242788	171400	194155	168485	8.45
管理费用	万元	1529087	1204676	939169	922861	965359	26.93
财务费用	万元	256729	174794	154759	153917	121440	46.88
其中：利息支出	万元	262138	170518	149623	138482	119439	53.73
营业利润	万元	547662	513520	525518	542094	518653	6.65
补贴收入	万元	150191	114319	91417	71355	46656	31.38
利润总额	万元	797564	659605	597179	648176	568862	20.92
应交所得税	万元	106009	107720	95822	93823	68109	-1.59
三、其他							
本年应交增值税	万元	172600	160188	115892	94468	147228	7.75
工业中间投入合计	万元	2451571	1678658	5996906	6663437	7253446	46.04
本年固定资产投资额	万元	1364747	1170981	965434	833931	788983	16.55
其中：民用航空产品	万元	210867	131197	92344	143201	86284	60.73
全部从业人员人数	人	300253	254844	241609	246736	251390	17.82
其中：工程技术人员	人	63052	54397	48383	49250	52005	15.91
其中：研究与实验发展人员	人	54647	28050	26812	27233	23653	94.82
研究与实验发展经费支出	万元	1346798	802513	674365	568379	434371	67.82
其中：民用航空产品	万元	344738	112884	170553	223518	135615	205.39

4—2　2011年各地区民用航空产品收入

地　区	民用航空产品收入（万元）	各地占总计（%）	主营业务收入（万元）	比上年增长（%）	民用航空产品销售收入占主营业务收入比重（%）
全国总计	**1964813**	**100**	**15961673**	**25.58**	**12.31**
北　京	29947	1.52	498576	241.67	6.01
天　津	4350	0.22	49572	-22.62	8.78
河　北	12465	0.63	61628	-66.70	20.23
山　西	670	0.03	42911	11.18	1.56
辽　宁	94598	4.81	2415945	7.95	3.92
吉　林	1083	0.06	25589	38.27	4.23
黑龙江	279936	14.25	831796	6.13	33.65
上　海	43309	2.20	494972	177.42	8.75
江　苏	43035	2.19	1372041	7.97	3.14
安　徽	164	0.01	123275		0.13
福　建	130534	6.64	130534	28.72	100.00
江　西	35777	1.82	1107258	128.58	3.23
山　东	87763	4.47	194621	30.82	45.09
河　南			240857		
湖　北	4911	0.25	368693	2.69	1.33
湖　南	16854	0.86	455863	31.45	3.70
广　东	483123	24.59	505472	26.51	95.58
四　川	92480	4.71	2522247	14.06	3.67
贵　州	31898	1.62	730047	46.37	4.37
陕　西	571673	29.10	3765284	22.85	15.18
甘　肃	243	0.01	24493	3.12	0.99
总计中：					
中国航空工业集团公司	1078225	54.88	12965062	29.51	8.32
中国商用飞机有限责任公司	43309	2.20	494972	177.42	8.75
地方民用航空工业企业	843279	42.92	2501639	-0.78	33.71

4—3 全国民用航空工业企业经济效益综合指数

指标名称	单位	2011年	2010年	2009年	2008年	2007年	2010年比上年增减（+—）
经济效益综合指数		145.90	144.57	141.63	143.90	138.39	1.33
总资产贡献率	%	4.60	3.93	4.13	5.04	5.37	0.67
资本保值增值率	%	170.80	120.71	108.34	133.99	125.99	50.09
资产负债率	%	61.50	65.63	65.13	64.36	69.79	-4.13
流动资产周转率	次/年	0.80	0.84	1.24	0.94	0.92	-0.04
成本费用利用率	%	5.10	5.35	6.86	6.88	6.50	-0.25
全员劳动生产率	元/人.年	103415	112613	95046	93221	90156	-9198.30
产品销售率	%	97.20	97.53	91.70	98.20	98.23	-0.33

4—4 2011年各地区民用航空工业企业经济效益综合指数

地区	经济效益综合指数	总资产贡献率(%)	资本保值增值率(%)	资产负债率(%)	流动资产周转次数(次/年)	成本费用利润率(%)
全国总计	**145.9**	**4.6**	**170.8**	**61.5**	**0.8**	**5.1**
北京	206.3	10.7	301.2	53.4	1.2	10.5
天津	218.1	3.5	117.9	32.3	0.7	31.3
河北	97.8	3.8	58.5	62.7	0.7	3.4
山西	162.9	8.0	89.2	52.7	0.8	11.9
辽宁	148.0	5.1	107.8	68.4	1.3	2.8
吉林	29.6	-1.1	49.3	96.9	1.1	-3.9
黑龙江	101.9	2.4	92.3	79.8	0.8	1.7
上海	87.9	2.2		48.5	0.1	8.1
江苏	125.6	5.6	127.6	62.4	1.3	4.0
安徽	189.5	11.9		68.3	0.9	17.3
福建	135.3	7.4	103.2	23.9	1.6	12.1
江西	106.5	1.6	121.4	74.4	0.6	2.5
山东	149.6	5.2	129.6	55.1	1.0	2.8
河南	531.9	51.5		41.1	9.4	19.1
湖北	88.3	2.4	107.1	70.8	1.0	1.7
湖南	134.0	6.4	118.9	64.8	0.8	5.9
广东	237.6	20.7	139.5	48.9	2.8	11.2
四川	177.8	5.5	138.4	60.7	1.0	5.6
贵州	172.7	6.3	307.5	68.4	0.8	5.1
陕西	132.6	4.2	134.8	60.4	0.8	5.0
甘肃	180.8	11.2	110.4	33.4	0.6	22.9
总计中：						
中国航空工业集团公司	136.9	4.4	142.5	65.1	0.9	4.2
中国商用飞机有限责任公司	87.9	2.2		48.5	0.1	8.1
地方民用航空工业企业	185.7	9.9	121.1	55.1	1.3	9.3

4—5 2011年各地区民用航空工业企业资产负债及权益

单位：万元

地　区	流动资产合　计	固定资产合　计	资产总计	负债合计	所有者权益合　计	其中：实收资本
全国总计	**21346513**	**8510861**	**32190411**	**19804859**	**12886279**	**5388514**
北　京	421335	265671	741884	396242	336416	110793
天　津	101140	79229	249374	156420	92954	68159
河　北	101140	79229	249374	156420	92954	68159
山　西	45701	35867	81568	42979	38589	4833
辽　宁	1825681	907485	2958763	2024650	934113	484765
吉　林	18292	20633	38925	37722	1204	8000
黑龙江	1491631	418022	1715498	1369083	346415	253403
上　海	3438485	420449	4690379	2277023	2413356	2253916
江　苏	1064129	986117	2072412	1292776	778327	222002
安　徽	137658	55440	201711	137855	63856	20000
福　建	81608	140644	267750	63887	203863	26975
江　西	2085287	707491	2824991	2102553	722438	233257
山　东	236074	116719	437180	240715	196467	101521
河　南	314839		478094	196307	281787	8392
湖　北	370916	236215	706878	500806	206072	60675
湖　南	639482	378139	1188988	769969	419019	159992
广　东	345986	70210	500411	244819	275435	122263
四　川	2589459	934001	3902899	2369912	1465487	255639
贵　州	979479	533378	1549804	1059376	1049345	247181
陕　西	5028858	1802540	7360686	4449273	2911412	721978
甘　肃	41002	10093	66899	22314	44585	17354
总计中：						
中国航空工业集团公司	15655746	7233717	23858552	15522776	8894697	2584228
中国商用飞机有限责任公司	3438485	420449	4690379	2277023	2413356	2253916
地方民用航空工业企业	2252281	856695	3641480	2005060	1578226	550370

4—6　2011年各地区民用航空工业企业收入成本及效益

单位：万元

地　区	主营业务收　入	比上年增长（%）	主营业务成　本	比上年增长（%）	利润总额	比上年增长（%）
全国总计	**15961673**	**25.58**	**13525952**	**26.78**	**797564**	**20.92**
北　京	498576	241.67	374081	272.10	48073	224.05
天　津	49572	-22.62	35128	-29.20	15160	32.74
河　北	61628	-66.70	42112	-70.66	2033	-80.14
山　西	42911	11.18	38073	38.76	5401	14.94
辽　宁	2415945	7.95	2272193	9.70	68321	-5.67
吉　林	25589	38.27	27452	14.63	-1241	-74.03
黑龙江	831796	6.13	748726	13.84	14215	-55.93
上　海	494972	177.42	409752	195.88	43975	-2128.37
江　苏	1372041	7.97	1092754	6.19	53064	-34.71
安　徽	123275		108208		21564	
福　建	130534	28.72	91034	19.08	14377	84.58
江　西	1107258	128.58	1001968	136.86	27021	-11.76
山　东	194621	30.82	163324	45.50	5658	-35.92
河　南	240857		166452		38412	
湖　北	368693	2.69	317331	5.51	6335	2.16
湖　南	455863	31.45	347721	29.05	25951	38.46
广　东	505472	26.51	395376	21.55	51445	32.62
四　川	2522247	14.06	2124121	15.84	134525	2.70
贵　州	730047	46.37	570774	58.27	36121	40.92
陕　西	3765284	22.85	3185626	23.46	182594	12.10
甘　肃	24493	3.12	13746	7.11	4560	-17.36
总计中：						
中国航空工业集团公司	12965062	29.51	11231961	31.39	543063	30.19
中国商用飞机有限责任公司	494972	177.42	409752	195.88	43975	2128.37
地方民用航空工业企业	2501639	-0.78	1884239	-4.89	210526	-13.95

4－7 2011年各地区民用航空工业企业收入及成本费用

单位：万元

地 区	主营业务收 入	主营业务成 本	营业费用	管理费用	财务费用	成本费用占收入比重（%）
全国总计	**15961673**	**13525952**	**263310**	**1529087**	**256729**	**97.58**
北 京	498576	374081	9116	63929	7212	91.13
天 津	49572	35128	988	10878	323	95.45
河 北	61628	42112	1941	13459	2189	96.87
山 西	42911	38073	725	5815	549	105.25
辽 宁	2415945	2272193	10560	145669	39404	102.15
吉 林	25589	27452	234	3726	805	125.90
黑龙江	831796	748726	6411	81295	18118	102.74
上 海	494972	409752	4475	98649	27062	109.08
江 苏	1372041	1092754	49047	153271	22516	96.03
安 徽	123275	108208	3175	12705	531	101.09
福 建	130534	91034		28768	-1289	90.79
江 西	1107258	1001968	4071	85600	2077	98.78
山 东	194621	163324	3936	27565	7056	103.73
河 南	240857	166452		30569	3467	83.24
湖 北	368693	317331	6733	36748	6212	99.55
湖 南	455863	347721	9870	65635	15913	96.33
广 东	505472	395376	18616	43113	-732	90.29
四 川	2522247	2124121	44981	200795	17120	94.64
贵 州	730047	570774	14257	91466	29665	96.73
陕 西	3765284	3185626	74012	323871	58088	96.72
甘 肃	24493	13746	160	5561	442	81.28
总计中：						
中国航空工业集团公司	12965062	11231961	188512	1148464	207900	98.55
中国商用飞机有限责任公司	178419	138485	1409	38019	3478	101.67
地方民用航空工业企业	2501639	1884239	70323	281974	21767	90.27

4—8 2011年各主要单位收入成本及效益

（按民用航空产品收入排序）

单位名称	民用航空产品收入（万元）	比上年增长（%）	利润总额（万元）	比上年增长（%）
西安飞机工业（集团）有限责任公司	367580	-8.4	43946	-38.6
哈尔滨飞机工业集团有限责任公司	253884	6.9	5487	16.1
珠海保税区摩天宇航空发动机维修有限公司	252428	15.5	24232	11.3
广州飞机维修工程有限公司	161801	20.6	14168	41.5
厦门太古飞机工程有限公司	130534	28.7	14377	84.6
西安航空发动机（集团）有限公司	113169	18.1	24963	27.8
威海广泰空港设备股份有限公司	49089	74.6	7633	2.2
沈阳黎明航空发动机（集团）有限责任公司	48656	24.1	28003	24.1
沈阳飞机工业（集团）有限公司	45942	-19.8	40318	-19.2
深圳中集天达空港设备有限公司	45792	-2.1	5390	-23.0
中航商用飞机有限公司	43309		43975	
成都发动机（集团）有限公司	40782	57.8	13627	-28.8
成都飞机工业（集团）有限责任公司	40729	-7.1	28392	6.7
山东太古飞机工程有限公司	31758	16.9	1782	-20.6
陕西凌云电器集团有限公司	30092	2722.9	6438	6.7
新宇航空制造（苏州）有限公司	29000	3.7	1281	-39.0
哈尔滨安博威飞机工业有限公司	23667	-66.7		
广州航新航空科技股份有限公司	19400		6991	
江西洪都航空工业（集团）有限责任公司	17400		3866	
贵州黎阳航空发动机（集团）有限公司	16740	38.8	7706	16.6
西安航空制动科技有限公司	13637	32.1	6636	-11.3
石家庄飞机工业有限责任公司	12465	3.4	818	39.6
北京航空材料研究院	12432		30857	
西安超码科技有限公司	12018	1041.3	2003	38.2
南京莱斯信息技术股份有限公司	9684	47.9	5573	8.4
陕西宏远航空锻造有限责任公司	8918	25.7	16122	5.8
北京安达维尔科技有限公司	8412	-33.4	4159	31.6
昌河飞机工业（集团）有限责任公司	8372	-21.3	5390	-6.5
中国飞机强度研究所	8324		289	
中国南方航空工业（集团）有限公司	6474		17221	42.2
四川川大智胜软件股份有限公司	6456	37.9	5337	26.6
贵州红林机械有限公司	6206	10.5	5280	17.5
江西洪都航空工业股份有限公司	5632	728.2	12120	-32.6
西安航空动力控制有限责任公司	5621	46.4	10088	24.9
北京百慕航材高科技股份有限公司	5022	-15.1	133	-67.8
山东滨奥飞机制造有限公司	4953	93.5	-1010	102.8
湖南省博云新材料股份有限公司	4678	12.6	3719	49.1
中航飞机起落架有限责任公司	4639	90.5	3922	39.3
航宇救生装备有限公司	4526	29.8	3880	29.5
江西昌河航空工业有限公司	4373	1269.2	5645	-18.0
天津华翼蓝天科技有限公司	4058	100.0	1320	157.1

4—9 2011年各地区民用航空工业企业固定资产投资额

地 区	本年固定资产投资额（万元）	比上年增长（%）	其中：民用航空产品（万元）	比上年增长（%）	民用航空产品固定资产投资占比重（%）
全国总计	**1364747**	**16.55**	**210867**	**60.73**	**15.45**
北 京	53406	213.43	518	-75.57	0.97
天 津	3929	-75.28			
河 北	7067	-79.59	1053	153.13	14.90
山 西	1569	-40.00			
辽 宁	128676	12.89	821	-92.36	0.64
吉 林	3908	192.51	300		7.68
黑龙江	62284	63.78			
上 海	182444	855.05	104797	973.74	57.44
江 苏	100262	-45.09	4181	3.29	4.17
安 徽	21316				
福 建	11556	484.52			
江 西	46983	38.89	6844	71.01	14.57
山 东	29827	29.74	15701	617.60	52.64
河 南	64106				
湖 北	62452	20.55	24	-99.71	0.04
湖 南	49889	-19.66	12222	37.77	24.50
广 东	7951	20.63	5430	68.63	68.29
四 川	177286	-30.34	4887	-58.08	2.76
贵 州	97357	74.23			
陕 西	248686	-2.00	54088	-9.51	21.75
甘 肃	3793	130.58			
总计中：					
中国航空工业集团公司	1005622	4.43	72798	-27.57	7.24
中国商用飞机有限责任公司	182444	855.05	104797	973.74	57.44
地方民用航空工业企业	176681	-6.48	33272	59.01	18.83

4—10　2011年各主要单位民用航空产品固定资产投资情况

单位：万元

单位名称	民用航空产品固定资产投资
上海飞机制造有限公司	104797
西安飞机工业（集团）有限责任公司	31196
庆安集团有限公司	10404
淄博三林新型材料有限公司	9109
西安航空发动机（集团）有限公司	8567
威海广泰空港设备股份有限公司	5804
中航飞机起落架有限责任公司	5475
广州飞机维修工程有限公司	5153
湖南省博云新材料股份有限公司	4896
江西洪都航空工业股份有限公司	4863
南京机电液压工程研究中心	4057
成都发动机（集团）有限公司	3293
江西洪都航空工业（集团）有限责任公司	1981
中国南方航空工业（集团）有限公司	1552
西安航空动力控制有限责任公司	1361
西安超码科技有限公司	1317
石家庄飞机工业有限责任公司	1053
西安市康铖机械制造有限公司	881
沈阳黎明航空发动机（集团）有限责任公司	821
山东太古飞机工程有限公司	628
四川川大智胜软件股份有限公司	526
四川凌峰航空液压机械有限公司	485
成都凯天电子股份有限公司	469
北京航科发动机控制系统科技有限公司	431
吉林航空维修有限责任公司	300
国营长江动力机械厂	299
宝鸡市航宇光电显示技术开发有限责任公司	260
深圳中集天达空港设备有限公司	250
济南特种结构研究所	122
四川长虹电源有限责任公司	114
昆山新宇航航空器材有限公司	100

4—11 2011年各地区民用航空工业企业从业人员及人员状况

地　区	全部从业人员（人）	其中：工程技术人员（人）	其中：研究与试验发展人员（人）	工程技术人员比重（%）	研究与试验发展人员比重（%）
全国总计	**300253**	**63052**	**54647**	**21.00**	**18.20**
北　京	10629	2294	2299	21.58	21.63
天　津	1326	350	287	26.40	21.64
河　北	3628	678	333	18.69	9.18
山　西	1763	416	270	23.60	15.31
辽　宁	35031	6997	2884	19.97	8.23
吉　林	2575	360	120	13.98	4.66
黑龙江	10729	2505	2595	23.35	24.19
上　海	7806	3068	2160	39.30	27.67
江　苏	24783	5739	19821	23.16	79.98
安　徽	2512	661	957	26.31	38.10
福　建	5240	4377		83.53	
江　西	17140	3879	1863	22.63	10.87
山　东	3559	760	368	21.35	10.34
河　南	52	50	2	96.15	3.85
湖　北	9518	1969	2677	20.69	28.13
湖　南	15263	2623	1256	17.19	8.23
广　东	6070	2636	1014	43.43	16.71
四　川	37283	8222	3581	22.05	9.60
贵　州	23757	3376	1426	14.21	6.00
陕　西	80620	11840	10628	14.69	13.18
甘　肃	969	252	106	26.01	10.94
总计中：					
中国航空工业集团公司	255742	46998	30205	18.38	11.81
中国商用飞机有限责任公司	7806	3068	2160	39.30	27.67
地方民用航空工业企业	36705	12986	22282	35.38	60.71

4—12 2011年各地区民用航空工业企业研究与试验发展经费支出情况

地 区	研究与试验发展经费支出（万元）	比上年增长（%）	其中：民用航空产品研究与试验发展经费支出（万元）	比上年增长（%）	研究与试验发展经费支出占主营业务收入比重（%）
全国总计	**1346798**	**67.82**	**344738**	**205.39**	**8.44**
北 京	92041	684.46	744	-43.47	18.46
天 津	6664	17.30	1612	-1.65	13.44
河 北	10647	17.58	4273	323.91	17.28
山 西	4502	153.06	1006		10.49
辽 宁	63908	8.07			2.65
吉 林	620	-73.28	300		2.42
黑龙江	110224	53.00	34134	1482.48	13.25
上 海	222250	320.53	222250	320.53	44.90
江 苏	41773	31.53	5483	58.79	3.04
安 徽	6466				5.25
福 建					
江 西	33997	-12.16	4283		3.07
山 东	11103	17.29	5217	50.95	5.70
河 南	1264	-96.01	1264		0.52
湖 北	36959		1302	-93.68	10.02
湖 南	50775	34.32	2341	119.61	11.14
广 东	17236	122.49	15675	164.69	3.41
四 川	134028	-28.88	3763	-12.22	5.31
贵 州	49606	27.22	351	-59.93	6.79
陕 西	452538	124.90	40697	191.53	12.02
甘 肃	196	-76.30	43	-82.80	0.80
总计中：					
中国航空工业集团公司	1031666	57.21	90489	160.50	7.96
中国商用飞机有限责任公司	222250	320.53	222250	320.53	44.90
地方民用航空工业企业	92882	-0.60	31999	26.49	3.71

4—13　2011年各主要单位研究与试验发展经费支出情况

单位名称	民用航空产品研究与试验发展经费支出（万元）	占民用航空产品收入比重（%）	工程技术人员（人）	研究与试验发展人员（人）
上海飞机设计研究院	194706		1359	1815
上海飞机客户服务有限公司	22084		252	252
哈尔滨飞机工业集团有限责任公司	20212	7.96	1572	2030
西安飞机工业（集团）有限责任公司	15153	4.12	2753	2159
哈尔滨东安发动机（集团）有限公司	13922	583.73	933	565
广州飞机维修工程有限公司	10603	6.55	1755	528
陕西天达航空标准件有限公司	7530	695.29	13	
中航工业西安飞行自动控制研究所	6878	293.68	1303	1112
北京民用飞机技术研究中心	5460		1359	1815
中国飞机强度研究所	5233	62.87		1270
陕西飞机工业（集团）有限公司	4000	121.03	2084	1417
石家庄飞机工业有限责任公司	3771	30.25	273	85
金城集团有限公司	3361		2198	1259
深圳中集天达空港设备有限公司	2831	6.18	497	171
江西洪都航空工业（集团）有限责任公司	1981	11.39	931	680
威海广泰空港设备股份有限公司	1944	3.96	268	197
江西洪都航空工业股份有限公司	1857	32.97	2003	710
成都发动机（集团）有限公司	1758	4.31	1188	259
济南特种结构研究所	1712	303.55	190	140
庆安集团有限公司	1577	41.51	1596	501
南京莱斯信息技术股份有限公司	1474	15.22	273	138
天津华翼蓝天科技有限公司	1459	35.95	89	82
广州航新航空科技股份有限公司	1391	7.17	351	291
中航飞机起落架有限责任公司	1376	29.66	610	147
淄博三林新型材料有限公司	1309		95	26
航宇救生装备有限公司	1302	28.77	1195	2048
洛阳电光设备研究所	1264		50	2
太原航空仪表有限公司	1006	150.15	416	270
长沙中传机械有限公司	856	98.05	246	89
汕头市西北航空用品有限公司	850	22.97	33	24
成都凯天电子股份有限公司	660	16.99	463	130
南京长江电子信息产业集团有限公司	570		374	243
惠阳航空螺旋桨有限责任公司	502		405	248
四川九州电器集团有限责任公司	460		1523	2036
昌河飞机工业（集团）有限责任公司	445	5.32	98	
北京百慕航材高科技股份有限公司	413	8.22	142	511
贵州黎阳航空发动机（集团）有限公司	336	2.01	1232	566
北京航科发动机控制系统科技有限公司	319	8.44	207	99
吉林航空维修有限责任公司	300	27.70	360	120
四川凌峰航空液压机械有限公司	300	67.26	114	81

4—14　2011年民用航空工业企业利用外资情况

单位：万元

单位名称	外资公司名称	利用外资额
总计		**51630**
惠阳航空螺旋桨有限责任公司	美腾风能（香港）有限公司	12500
西安航空发动机（集团）有限公司	英国罗、罗公司	7418
西安飞机工业（集团）有限责任公司	美国雅奇国际公司	7129
天津航空机电有限公司	中国航空基金（105）有限公司	4546
珠海保税区摩天宇航空发动机维修有限公司	MTV Aero Engines（德国）	3155
山东太古飞机工程有限公司	香港中凯航空工程顾问有限公司	1083
沈阳黎明航空发动机（集团）有限责任公司	美国GE公司	964
北京航科发动机控制系统科技有限公司	透博梅卡股份有限公司	605
山东滨奥飞机制造有限公司	奥地利钻石飞机制造有限公司	364
宏光空降装备有限公司	Lafuma Croup GmbH	180
北京航空材料研究院	北京百慕合金有限责任公司	40

4—15　2011年民用航空工业企业境外投资情况

单位：万元

单位名称	主要投资国别	对境外投资额
总计		**406000**
中航通用飞机有限责任公司	美国	96349
中国航空技术国际控股有限公司	美国	123479
西安航空发动机（集团）有限公司	美国	286
威海广泰空港设备股份有限公司	美国	27
中航电测仪器股份有限公司	荷兰	35
西安飞机工业（集团）有限责任公司	奥地利	174219
金城集团有限公司	埃及	1368
惠阳航空螺旋桨有限责任公司	荷兰	10201
天津航空机电有限公司	香港	36

五

附　　录

附录 1

2011 年民用航空工业统计调查单位名单

单位名称	所属集团	登记注册类型	控股情况	主要民用航空产品
总计（104）				
北京（10）				
北京科源轻型飞机实业有限公司		其他有限责任公司	私人控股	AD 系列轻型飞机设计制造维修、航空电子通讯设备机械设备制造、AD 系列轻型飞机技术知识培训
北京航科发动机控制系统科技有限公司	中航	其他有限责任公司	国有控股	航空摇臂系列
北京北摩高科摩擦材料有限责任公司		其他有限责任公司	集体控股	波音飞机刹车盘、麦道飞机刹车盘、伊尔飞机刹车盘、运七、八飞机刹车盘、图 154 飞机刹车盘、里尔 30 飞机刹车盘、安 24、25 飞机刹车盘
北京金轮坤天特种机械有限公司		其他有限责任公司	国有控股	飞机牵引车
北京青云航空仪表有限公司	中航	国有独资公司	国有控股	陀螺仪表
北京浩天翼航空技术有限公司		其他有限责任公司	私人控股	HW13、小型无人机
北京航空材料研究院	中航	国有	国有控股	
北京百慕航材高科技股份有限公司		股份有限公司	国有控股	飞机刹车盘副
北京航空精密机械研究	中航	国有	国有控股	大飞机装配平台、测量机
北京安达维尔科技有限公司		其他有限责任公司	私人控股	
天津（2）				
天津华翼蓝天科技有限公司		私营有限责任公司	私人控股	综合程序训练器、飞行训练器、虚拟仿真器、基于仿真技术的理论培训教程、工程仿真设备
天津航空机电有限公司	中航	国有独资公司	国有控股	断路器、继电器
河北（2）				
石家庄飞机工业有限责任公司	中航	国有	国有控股	Y5B 飞机、小鹰－500
惠阳航空螺旋桨有限责任公司	中航	其他有限责任公司	国有控股	直升机动部件
山西（1）				
太原航空仪表有限公司	中航	国有独资公司	国有控股	仪表
辽宁（2）				
沈阳黎明航空发动机（集团）有限责任公司	中航	其他有限责任公司	国有控股	航空零部件转包生产
沈阳飞机工业（集团）有限公司	中航	国有	国有控股	ARJ 项目、Q400 项目、787 垂尾项目、波音 767 改装项目、A320 滑轨肋
吉林（1）				
吉林航空维修有限责任公司	中航	国有	国有控股	民用飞机修理、ARJ21 零部件制造及修理
黑龙江（3）				
哈尔滨东安发动机（集团）有限公司	中航	国有独资公司	国有控股	发动机修理
哈尔滨飞机工业集团有限责任公司	中航	其他有限责任公司	国有控股	运十二飞机、直九出口型
哈尔滨安博威飞机工业有限公司		中外合资经营	外商控股	ERJ145 支线客机

注：1. 2011 年统计汇总单位 104 家。

2. 所属集团中航指中国航空工业集团公司，商飞指中国商用飞机有限责任公司。

2011年民用航空工业统计调查单位名单（续1）

单位名称	所属集团	登记注册类型	控股情况	主要民用航空产品
上海（5）				
上海飞机制造有限公司	商飞	国有	国有控股	飞机零部件转包生产
中航商用飞机有限公司	商飞	国有独资公司	国有控股	ARJ21－700
上海飞机设计研究院	商飞		国有控股	
上海飞机客户服务有限公司	商飞		国有控股	民机客户服务
上海航空工业（集团）有限公司	商飞		国有控股	
江苏（14）				
宏光空降装备有限公司	中航	国有	国有控股	飞机安全带、热气球、牵引升空伞
无锡翼龙航空设备有限公司		私营有限责任公司	私人控股	航空器用翻新轮胎
新宇航空制造（苏州）有限公司		外资企业	外商控股	发动机引擎吊架、发动机叶片、发动机风扇隔框
南京常荣噪声控制环保工程有限公司		私营有限责任公司	私人控股	高声强发生器、声学试验控制系统
昆山新宇航航空器材有限公司		私营有限责任公司	私人控股	航空附件的维修
南京长江电子信息产业集团有限公司		其他有限责任公司	国有控股	航管雷达
华德宝机械（昆山）有限公司		外资企业	外商控股	登机桥、机场地面设施及零部件
南京莱斯信息技术股份有限公司		股份有限公司	国有控股	民航空中交通管制自动化系统、民航机场高级场面活动引导控制系统、民航雷达终端显示系统、民航模拟训练系统、民航地面管制电子进程单系统
南京机电液压工程研究中心		国有	国有控股	
无锡透平叶片有限公司		其他有限责任公司	国有控股	发动机风扇叶片、发动机机匣，发动机结构件
金城集团有限公司	中航	国有独资公司	国有控股	其他民用航空产品及零部件
中国航空工业集团公司航空动力控制系统研究所	中航	国有独资公司	国有控股	大客发动机验证机项目燃油控制系统、数字电子控制系统
无锡压缩机股份有限公司		股份有限公司	国有控股	气源车、充氧车、空调车、廊桥空调
南京全信传输科技股份有限公司		私营股份有限公司	港澳台商控股	
安徽（1）				
中航工业合肥江航飞机装备有限公司	中航	国有	国有控股	波纹管
福建（1）				
厦门太古飞机工程有限公司		港澳台商投资股份有限公司	港澳台商控股	维修
江西（4）				
江西洪都航空工业（集团）有限责任公司	中航	国有独资公司	国有控股	农五A
江西昌河航空工业有限公司	中航	国有独资公司	国有控股	A109直升机
江西洪都航空工业股份有限公司	中航	股份有限公司	国有控股	农五A
昌河飞机工业（集团）有限责任公司	中航	国有独资公司	国有控股	CA109直升机、转包生产

2011年民用航空工业统计调查单位名单（续2）

单位名称	所属集团	登记注册类型	控股情况	主要民用航空产品
山东（8）				
潍坊天翔航空工业有限公司		中外合资经营	私人控股	轻、小型飞机
山东翔宇航空技术服务有限责任公司		其他有限责任公司	国有控股	机载设备维修
威海广泰空港设备股份有限公司		股份有限公司	私人控股	民用航空地面电源、静变电源、集装箱/集装板升降平台车、飞机牵引车、飞机除冰车、飞机启动气源车、飞机加油车、飞机食品车、行李传送带车、残废旅客登机车、机动客梯、机场应急作业车
山东滨奥飞机制造有限公司		中外合资经营	股份合作	DA40飞机
山东太古飞机工程有限公司		中外合资经营	国有控股	B737机型、CRJ机型、A320系列、SAAB机型维修
山东艾诺仪器有限公司		私营有限责任公司	私人控股	飞机地面静变电源
济南特种结构研究所	中航	国有	国有控股	雷达罩、复合材料部件
淄博三林新型材料有限公司		私营有限责任公司	私人控股	钛合金锻件、钛合金板材、铝合金板材
河南（1）				
洛阳电光设备研究所	中航	国有	国有控股	平显
湖北（2）				
中国特种飞行器研究所	中航	国有	国有控股	A2C超轻型水上飞机
航宇救生装备有限公司	中航	国有	国有控股	热气球、滑翔伞、民机座椅、座椅垫及航空备件
湖南（5）				
国营长江动力机械厂	中航	国有	国有控股	飞机零部件
湖南省博云新材料股份有限公司		股份合作	集体控股	154刹车片、737刹车片、1587刹车盘、2612刹车盘
中航飞机起落架有限责任公司	中航	其他有限责任公司	国有控股	航空零部件转包生产
长沙中传机械有限公司	中航	国有	国有控股	齿轮
中国南方航空工业（集团）有限公司	中航	其他有限责任公司	国有控股	航空零部件转包生产、民用航空发动机
广东（5）				
汕头市西北航空用品有限公司		其他有限责任公司	私人控股	飞机客舱零部件、货仓零部件
广州航新航空科技股份有限公司		股份有限公司	私人控股	航空机载电子设备维修
珠海保税区摩天宇航空发动机维修有限公司		中外合资经营	国有控股	维修
深圳中集天达空港设备有限公司		与港澳台商合资经营	港澳台商控股	旅客飞机桥、飞机泊位系统、航空特种车辆、航空货物处理系统
广州飞机维修工程有限公司		与港澳台商合资经营	国有控股	飞机维修、航线维护、零附件维修
四川（8）				
四川九州电器集团有限责任公司		国有独资公司	国有控股	机载应答机
成都凯天电子股份有限公司	中航	股份有限公司	国有控股	
四川川大智胜软件股份有限公司		股份有限公司	私人控股	MDSL系列多通道数字同步纪录仪、空管自动化系统、雷达管制模拟系统
成都发动机（集团）有限公司	中航	其他有限责任公司	国有控股	GEAE项目、RR项目
四川凌峰航空液压机械有限公司	中航	国有	国有控股	运十二起落架、小鹰500起落架、小鹰500五项成件、运七窗框

2011年民用航空工业统计调查单位名单（续3）

单位名称	所属集团	登记注册类型	控股情况	主要民用航空产品
成都飞机工业（集团）有限责任公司	中航	国有独资公司	国有控股	转包项目、支线飞机
四川长虹电源有限责任公司		国有独资公司	国有控股	20GNG40C蓄电池、20GNG40D蓄电池、20GNC23蓄电池、20GNC40－2蓄电池、GNYG4、GNYG1.8
贵州（8）				
贵州安吉航空精密铸造有限责任公司	中航	国有	国有控股	ARJ21配套铝精铸、钛精铸铸件
贵州黎阳航空发动机（集团）有限公司	中航	国有	国有控股	民用航空发动机零部件
贵州华烽电器有限公司	中航	国有独资公司	国有控股	冲洗装置、交流鼓风机
贵州云马飞机制造厂	中航	国有	国有控股	整体肋、接头、铰链肋
贵州安大航空锻造有限责任公司	中航	国有独资公司	国有控股	
贵州红林机械有限公司	中航	国有独资公司	国有控股	民用航空转包
中航力源液压股份有限公司	中航	股份有限公司	国有控股	柱塞泵、柱塞马达及零备件
贵州航天精工制造有限公司		其他有限责任公司	国有控股	特种紧固件、特种橡胶减、圆柱头螺钉、钛合金螺母、马鞍型卡箍、小螺旋窄带卡箍
陕西（20）				
西安航空发动机（集团）有限公司	中航	其他有限责任公司	国有控股	航空发动机零部件转包生产
国营长空精密机械制造公司	中航	国有	国有控股	齿轮
西安航空制动科技有限公司	中航	其他有限责任公司	国有控股	新舟60飞机及刹车附件、航空零部件
中航工业西安飞行自动控制研究所	中航	国有	国有控股	
陕西烽火宏声科技有限责任公司		其他有限责任公司	国有控股	航空耳机/话筒组件
西安市康铖机械制造有限公司		私营有限责任公司	私人控股	航空零部件
庆安集团有限公司	中航	其他有限责任公司	国有控股	航空转包生产
陕西天达航空标准件有限公司		其他有限责任公司	私人控股	机械零部件加工及设备修理
中航电测仪器股份有限公司		国有	国有控股	
宝鸡北方科技照明电器有限公司		其他有限责任公司	私人控股	特种光源
陕西飞机工业（集团）有限公司	中航	其他有限责任公司	国有控股	运八民用飞机
西安飞机工业（集团）有限责任公司	中航	其他有限责任公司	国有控股	新舟60飞机、ARJ21飞机、国外飞机零部件
宝鸡市航宇光电显示技术开发有限责任公司		其他有限责任公司	私人控股	导光面板、乘务员观察系统、信号灯控制盒、LED灯、机载娱乐系统
西安航空动力控制有限责任公司	中航	国有	国有控股	转包生产
国营东方仪器厂	中航	国有	国有控股	航空仪表
中国飞机强度研究所	中航	国有	国有控股	民机结构强度研究与试验
陕西宏远航空锻造有限责任公司	中航	国有	国有控股	飞机结构件、飞机起落架、连接杆、环形件
陕西凌云电器集团有限公司		国有	国有控股	无线电罗盘、组合接收设备、航向下滑接收机、仪表着陆接收设备、信标接收机、空中警报器
西安超码科技有限公司		其他有限责任公司	国有控股	飞机炭刹车盘
陕西宝成航空仪表有限责任公司	中航	国有独资公司	国有控股	民用飞机零部件
甘肃（1）				
兰州万里航空机电有限责任公司	中航	其他有限责任公司	国有控股	电动机构、着陆灯、襟翼位置机构、扳动开关

附录 2

民用航空工业企业上市公司情况

上市公司名称	证券代码	控股单位	相关经营范围
西安飞机国际航空制造股份有限公司	000768	西安飞机工业（集团）有限责任公司	飞机及其他飞行器零部件的设计、试验、生产、销售及相关业务和进出口贸易；航空及其他民用铝合金系列产品和装饰材料的开发、设计、研制、生产、销售以及相关的技术服务。
江西洪都航空工业股份有限公司	600316	中国航空科技工业股份有限公司	基础教练机、通用飞机、其他航空产品及零部件的设计、研制、生产、销售、维修及相关业务和进出口贸易；航空产品的转包生产；航空科学技术开发、咨询、服务、引进和转让。
中航动力控制股份有限公司	000738	西安航空动力控制有限责任公司	航空、航天发动机控制系统产品的研制、生产、销售、修理。
哈飞航空工业股份有限公司	600038	哈尔滨航空工业（集团）有限公司	航空产品及零部件的开发、设计、研制、生产、销售业务；航空科学技术开发、咨询、服务。
四川成发航空科技股份有限公司	600391	成都发动机（集团）有限公司	研究、制造、加工、维修、销售航空发动机及零部件、燃气轮机及零部件。
中航重机股份有限公司	600765	贵州金江航空液压有限责任公司	液压件的研制、开发、制造、修理、销售；经营本企业自产机电产品、成套设备及相关技术的出口业务，经营本企业生产、科研所需的原辅材料、机械设备、仪器仪表、出口备件、零配件及技术的进口业务，开展本企业进料加工和“三来一补”业务。兼营：液压技术软件开发、转让、咨询服务、机械冷热加工、修理修配服务。
中国航空科技工业股份有限公司	HK02357	中国航空工业第二集团公司	制造、组装、销售及维修航空产品。
博云新材	002297	中南大学粉末冶金工程研究中心有限公司	研究、生产、销售粉末冶金摩擦材料、炭/炭复合材料、纳米材料及其制品、其它新型材料及相关新设备（以上国家有专项规定的，另行报批）；经营商品和技术的进出口业务（国家法律法规禁止和限制的除外）。
西安航空动力股份有限公司	600893	西安航空发动机（集团）有限公司	航空发动机、燃气轮机、烟气透平动力装置、航天发动机及其零部件、风力发电机、太阳能发动机及零部件制造、销售与维修；航空发动机零部件转包生产、“三来一补”加工业务。
中航航空电子设备股份有限公司	600372	中国航空科技工业股份有限公司	航空、航天领域机械、电子类产品的研制、生产、销售及服务；自动控制、仪器仪表、惯性系统及器件的研制、生产、销售及服务。

民用航空工业企业上市公司情况（续）

上市公司名称	证券代码	控股单位	相关经营范围
中航光电科技股份有限公司	002179	中国航空科技工业股份有限公司	光电元器件及电子信息产品的生产、销售
贵州贵航汽车零部件股份有限公司	600523	中国贵州航空工业（集团）有限责任公司	通用设备、专用设备制造和销售
中航电测仪器股份有限公司	300114	汉中航空工业（集团）有限公司	航空仪器仪表
湖北中航精机科技股份有限公司	002013	中航机电系统有限公司	座椅精密调节装置，各类精冲制品、精密冲压模具的研究、设计开发制造和销售构造系统工程开发和应用

附录 3

主要统计指标解释

民用航空产品 民用航空器指已取得民用航空适航型号合格证与生产许可证，和以取得民用航空适航型号合格证与生产许可证为研制目标的航空飞行器。

转包生产 转包业务是航空制造业的一种贸易方式，是严格按照外国公司的图纸、工艺、质量及交付进度要求，由中国的航空制造企业为外国公司生产飞机和航空发动机等零部件或有关设备的工业生产行为，其包括飞机、航空发动机、航空机载设备及其衍生产品的零部件和航空地面设备等，在中国属于“加工贸易”范畴。

工业总产值 指工业企业在本年内生产的以货币形式表现的工业最终产品和提供工业劳务活动的总价值量。

工业总产值包括：1. 在本企业内不再进行加工，经检验、包装入库（规定不需包装的产品除外）的成品价值；2. 对外加工费收入；3. 自制半成品、在产品期末期初差额价值。

工业总产值采用“工厂法”计算，即以工业企业作为一个整体，按企业工业生产活动的最终成果来计算，企业内部不允许重复计算，不能把企业内部各个车间（分厂）生产的成果相加；但在企业之间、行业之间、地区之间存在着重复计算。

工业增加值 指在一定时期内以货币表现的工业生产活动的最终成果，是工业企业全部生产活动的总成果扣除了生产过程中消耗或转换的物质产品和劳务价值后的余额，是工业生产过程中新增加的价值。

工业增加值有两种计算方法：一是生产法，即工业总产出减去工业中间投入；二是收入法，根据生产要素在生产过程中应得到的收入份额计算，具体构成项目有固定资产折旧、劳动者报酬、生产税净额、营业盈余，这种方法也称要素分配法。

工业增加值率 指在一定时期内工业增加值占同期工业总产值的比重，反映降低中间消耗的经济效益。计算公式为：

工业增加值率(%)＝工业增加值(现价)/工业总产值×100%

主营业务收入 指企业销售产品和提供劳务等主要经营业务取得的收入总额。

利润总额 指企业在生产经营过程中各种收入扣除各种耗费后的盈余，反映企业在报告期内实现的亏盈总额，包括营业利润、补贴收入、投资净收益和营业外收支净额。

从业人员 指在企业工作并取得劳动报酬的全部人员数。包括在岗职工、再就业的离退休人员、民办教师及在企业工作的外方人员和港澳台方人员、兼职人员、借用的外单位人员和第二职业者。不包括离开本单位担仍保留劳动关系的职工。该指标反映了一定时期内全部劳动力资源的实际利用情况。

研究与试验发展（R&D）经费支出 指报告期年度在企业科技活动经费内部支出中用于基础研究、应用研究和试验发展三类项目的管理和服务的费用支出。在工业企业开展的研究与试验发展（R&D）活动中，较为普遍的和大量的活动属于试验发展活动。

工业经济效益综合指数 是综合衡量工业经济效益各方面在数量上总体水平的一种特殊相对数，是反映工业经济运行质量的总量指标。

$$\text{工业经济效益综合指数}=\sum\left(\frac{\text{某项指标报告期数值}}{\text{该项指标全国标准值}}\times\text{该项指标权数}\right)\Big/\text{总权数}$$

	标准值	权数
综合指数		100
总资产贡献率	10.7	20
资本保值增值率	120	16
资产负债率	60	12
流动资产周转率	1.52	15
成本费用利润率	3.71	14
全员劳动生产率	16500	10
产品销售率	96	13

总资产贡献率

总资产贡献率 反映企业全部资产的获利能力，是企业经营业绩和管理水平的集中体现，是评价和考核企业盈利能力的核心指标。计算公式为：

总资产贡献率(%)=(利润总额+税金总额+利息支出)/平均资产总额×100%

资本保值增值率

资本保值增值率 反映企业净资产的变动状况，是企业发展能力的集中体现。计算公式为：

资本保值增值率(%)=报告期期末所有者权益/上年同期期末所有者权益×100%

所有者权益=资产总计－负债总计

资产负债率

资产负债率 该指标既反映企业经营风险的大小，也反映企业利用债权人提供的资金从事经营活动的能力。计算公式为：

资产负债率(%)=负债总额/资产总额×100%

流动资产周转率

流动资产周转次数 指在一定时期内流动资产完成的周转次数，反映流动资产的周转速度。计算公式为：

流动资金周转次数=产品销售收入/全部流动资产平均余额

成本费用利润率

成本费用利润率 指在一定时期内实现的利润与成本费用之比，是反映工业生产成本及费用投入的经济效益指标，同时也是反映降低成本的经济效益的指标。计算公式为：

成本费用利润率(%)＝利润总额/成本费用总额×100%

成本费用总额指产品销售成本、销售费用、管理费用和财务费用之和。

全员劳动生产率

全员劳动生产率　指根据产品的价值量指标计算的平均每一个从业人员在单位时间内的产品生产量。是考核企业经济活动的重要指标，是企业生产技术水平、经营管理水平、职工技术熟练程度和劳动积极性的综合表现。目前我国的全员劳动生产率是将工业企业的工业增加值除以同一时期全部从业人员的平均人数来计算的。计算公式为：

全员劳动生产率＝工业增加值/全部从业人员平均人数

产品销售率

产品销售率　指报告期工业销售产值与同期全部工业总产值之比，是反映工业产品已实现销售的程度，分析工业产销衔接情况，研究工业产品满足社会需求程度的指标。计算公式为：

产品销售率(%)＝工业销售产值/工业总产值(现价)×100%

附录4

民用航空工业统计报表制度

（2011年年报和2012年定期报表制度）

中华人民共和国工业和信息化部制定

中华人民共和国国家统计局批准

2011年1月

本报表制度根据《中华人民共和国统计法》的有关规定制定

《中华人民共和国统计法》的第七条规定：国家机关、社会团体、企业事业组织和个体工商户等统计调查对象，必须依照本法和国家规定，如实提供统计资料，不得虚报、瞒报、迟报，不得伪造、篡改。基层群众性自治组织和公民有义务如实提供国家统计调查所需要的情况。

《中华人民共和国统计法》第九条规定：统计机构、统计人员对在统计调查中知悉的统计调查对象的商业秘密，负有保密义务。

目　　录

一、总说明

（一）统计目的

为准确、及时了解中国民用航空工业企事业的科研、生产及经济运行情况，有效地实施行业管理，为各级领导、政府主管部门决策提供依据，为行业提供信息服务，依照《中华人民共和国统计法》的规定，特制定民用航空工业统计报表制度。

（二）统计范围

从事民用航空器、民用航空发动机、机载系统和设备、零部件、地面设备、随机工具等研发、制造和修理的规模以上企业单位和全部事业单位。企事业单位包括工业企业、科研院所和大专院校等。事业单位研发活动情况按工业企业表式上报。

民用航空器指已取得民用航空适航型号合格证与生产许可证，和以取得民用航空适航型号合格证与生产许可证为研制目标的航空飞行器。包括干线飞机、支线飞机、通用飞机、民用直升机和无人机（固定翼和旋翼）、民用特种飞行器（包括地效飞机、水上飞机、飞艇）等。

（三）统计内容

1. 法人单位基本情况

2. 民用航空产品交付情况

3. 民用航空产品新增订单和储备订单

4. 民用航空产品转包生产情况

5. 生产、销售总值

6. 主要经济指标

（四）汇总上报要求

1. 各省、自治区和直辖市民用航空工业管理部门和中国航空工业集团公司、中国商用飞机有限责任公司为二级汇总单位。各省、自治区和直辖市民用航空工业管理部门负责审核本地区非中国航空工业集团公司、中国商用飞机有限责任公司下属单位的数据，中国航空工业集团公司、中国商用飞机有限责任公司负责审核集团内统计单位数据，审核后集中上报。

2. 年报上报时间：各单位应于 3 月 30 日前将报表报送二级汇总单位，二级汇总单位于 4 月 20 日前将各单位报表和汇总表报送至国防科工局信息中心。

3. 定期报表上报时间：各单位于季后 10 日前将报表报送至国防科工局信息中心。

通信地址：北京市第 8184 号信箱

邮政编码：100081

联系单位：国防科工局信息中心

联 系 人：林 丽 陈国华

联系电话：010－88581252 88529312　　传　　真：010－88529315

E-mail：cicdata@sohu. com

（五）本报表制度经国家统计局（国统制〔2010〕205号）审核批准。

（六）本报表制度由中华人民共和国工业和信息化部负责解释。

二、报表目录

表　号	表　　名	报告期别	统计范围	报送单位	报送日期及方式	页码
工信航空年1表	法人单位基本情况	年报	各省、自治区、直辖市及中国航空工业集团公司、中国商用飞机有限责任公司下属从事民用航空器、民用航空发动机、机载系统和设备、零部件、地面设备、随机工具等研发、制造和修理的规模以上企业单位和全部事业单位。	各省、自治区、直辖市及中国航空工业集团公司、中国商用飞机有限责任公司下属从事民用航空器、民用航空发动机、机载系统和设备、零部件、地面设备、随机工具等研发、制造和修理的规模以上企业单位和全部事业单位。	2月28日前（二级汇总单位3月30日前）电子邮件	4
工信航空年2表	民用航空产品交付情况	年报	同上	同上	同上	5
工信航空年3表	民用航空产品新增订单和储备订单	年报	同上	同上	同上	6
工信航空年4表	民用航空产品转包生产情况	年报	同上	同上	同上	7
工信航空年5表	生产、销售总值	年报	同上	同上	同上	8
工信航空年6表	主要经济指标	年报	同上	同上	同上	9
工信航空定1表	生产、销售总值	季报	同上	重点民用航空产品生产企业	3月、6月、9月和12月10日前电子邮件	10
工信航空定2表	民用航空产品生产经营情况	季报	同上	同上	同上	11
工信航空定3表	民用航空产品转包生产情况	季报	同上	同上	同上	12

三、调查表式

（一）年报

法人单位基本情况

表　　号：工信航空年1表
制表机关：工业和信息化部
批准机关：国家统计局
批准文号：国统制[2010]205号
有效期至：2012年12月

201　年

01 组织机构代码 □□□□□□□□—□
02 法人单位名称：＿＿＿＿＿＿
03 法定代表人（负责人）：＿＿＿＿＿＿

04 单位所在地及行政区划
＿＿＿＿省（自治区、直辖市）＿＿＿＿地（区、市、州、盟）＿＿＿＿县（区、市、旗）
＿＿＿＿乡（镇）＿＿＿＿街（村）、门牌号

05 联系方式

区　号	□□□□□
电话号码	□□□□□□□□□□□
分 机 号	□□□□□□
传真号码	□□□□□□□□
邮政编码	□□□□□□

电子信箱＿＿＿＿＿＿
网　　址＿＿＿＿＿＿

0601　行业类别＿＿＿＿＿＿；　行业代码 □□□
0602　主要民用航空产品名称
1＿＿＿＿；2＿＿＿＿；3＿＿＿＿；
4＿＿＿＿；5＿＿＿＿；6＿＿＿＿；

07 登记注册类型

内资	149 其他联营	174 私营股份有限公司	外商投资
110 国有	151 国有独资公司	190 其他	310 中外合资经营
120 集体	159 其他有限责任公司	港澳台商投资	320 中外合作经营
130 股份合作	160 股份有限公司	210 与港澳台商合资经营	330 外资企业
141 国有联营	171 私营独资	220 与港澳台商合作经营	340 外商投资股份有限公司
142 集体联营	172 私营合伙	230 港澳台商独资	
143 国有与集体联营	173 私营有限责任公司	240 港澳台商投资股份有限公司	□□□

08 控股情况　110 国有控股 120 集体控股 210 私人控股 220 港澳台商控股 230 外商控股　□□□

09 企业主要出资人情况
公司名称：＿＿＿＿＿＿　出资比例：＿＿＿%
公司名称：＿＿＿＿＿＿　出资比例：＿＿＿%
公司名称：＿＿＿＿＿＿　出资比例：＿＿＿%

10 企业境外投资情况　1 有　2 无
主要投资国别：＿＿＿＿＿＿对境外投资额：＿＿＿＿万元　□
主要投资国别：＿＿＿＿＿＿对境外投资额：＿＿＿＿万元

11 企业利用外资情况　1 有　2 无
外资公司名称：＿＿＿＿＿＿利用外资额：＿＿＿＿万元　□
外资公司名称：＿＿＿＿＿＿利用外资额：＿＿＿＿万元

12 特种行业许可证审批单位：＿＿＿＿＿＿

单位负责人：　　统计负责人：　　填表人：　　报出日期：201　年　月　日

说明：1. 本表由各省、自治区、直辖市民用航空工业管理部门、中国航空工业集团公司、中国商用飞机有限责任公司报送分单位数据。

2. 统计范围是各省、自治区、直辖市及中国航空工业集团公司下属从事民用航空器、民用航空发动机、机载系统和设备、零部件、地面设备、随机工具等研发、制造和修理的规模以上企业单位和全部事业单位。

3. 报送时间为3月30日前，报送方式为电子邮件。

民用航空产品交付情况

表　　号：工信航空年2表
制表机关：工业和信息化部
批准机关：国家统计局
批准文号：国统制[2010]205号

企业详细名称　　　　201　年　　　　有效期至：2012年12月

指标名称	代码	累计交付数量（含本年）（架/台）	本年交付		其中：本年出口（不含转包生产）	
			数　量（架/台）	金　额（万元）	数　量（架/台）	金　额（万元）
民用飞机合计	01					
按型号分：民用飞机1	02					
民用飞机2	03					
民用飞机3	04					
民用飞机4	05					
民用飞机5	06					
民用航空发动机整机合计	07					
按型号分：民用航空发动机1	08					
民用航空发动机2	09					
民用航空发动机3	10					
民用航空发动机4	11					
民用航空发动机5	12					
民用飞机零部件	13	—	—		—	
民用航空发动机零部件	14	—	—		—	
其他民用航空产品及零部件	15	—	—		—	
民用飞机修理（不含发动机）	16	—	—		—	
民用航空发动机修理	17	—	—		—	
其它民用航空产品及零部件修理	18	—	—		—	

单位负责人：　　　统计负责人：　　　填表人：　　　报出日期：201　年　月　日

说明：1. 本表由各省、自治区、直辖市民用航空工业管理部门、中国航空工业集团公司、中国商用飞机有限责任公司报送分单位数据。

2. 统计范围是各省、自治区、直辖市及中国航空工业集团公司下属从事民用航空器、民用航空发动机、机载系统和设备、零部件、地面设备、随机工具等研发、制造和修理的规模以上企业单位和全部事业单位。

3. 报送时间为3月30日前，报送方式为电子邮件。

民用航空产品新接订单和储备订单

表　　号：工信航空年3表
制表机关：工业和信息化部
批准机关：国家统计局
批准文号：国统制[2010]205号
企业详细名称　　　　201　年　　　　有效期至：2012年12月

指标名称	代码	计量单位	新增订单		其中：出口（不含转包生产）		储备订单		其中：出口（不含转包生产）	
			确认订单	意向订单	确认订单	意向订单	确认订单	意向订单	确认订单	意向订单
民用飞机合计	01	架								
其中：民用飞机1	02	架								
民用飞机2	03	架								
民用飞机3	04	架								
民用飞机4	05	架								
民用飞机5	06	架								
民用航空发动机整机合计	07	台								
其中：民用航空发动机1	08	台								
民用航空发动机2	09	台								
民用航空发动机3	10	台								
民用航空发动机4	11	台								
民用航空发动机5	12	台								
民用飞机零部件	13	万元								
民用航空发动机零部件	14	万元								
其他民用航空产品及零部件	15	万元								
民用飞机修理（不含发动机）	16	万元								
民用航空发动机修理	17	万元								
其它民用航空产品及零部件修理	18	万元								

单位负责人：　　　　统计负责人：　　　　填表人：　　　　报出日期：201　年　月　日

说明：1. 本表由各省、自治区、直辖市民用航空工业管理部门、中国航空工业集团公司、中国商用飞机有限责任公司报送分单位数据。

2. 统计范围是各省、自治区、直辖市及中国航空工业集团公司下属从事民用航空器、民用航空发动机、机载系统和设备、零部件、地面设备、随机工具等研发、制造和修理的规模以上企业单位和全部事业单位。

3. 报送时间为3月30日前，报送方式为电子邮件。

民用航空产品转包生产情况

表　　号：工信航空年4表
制表机关：工业和信息化部
批准机关：国家统计局
批准文号：国统制[2010]205号
有效期至：2012年12月

企业详细名称　　201　年　　计量单位：万美元

指标名称	本年交付金额	本年新接订单金额	储备订单金额
民用飞机零部件			
民用发动机零部件			
其他民用航空产品及零部件			

单位负责人：　　统计负责人：　　填表人：　　报出日期：201　年　月　日

说明：1. 本表由各省、自治区、直辖市民用航空工业管理部门、中国航空工业集团公司、中国商用飞机有限责任公司报送分单位数据。

2. 统计范围是各省、自治区、直辖市及中国航空工业集团公司下属从事民用航空器、民用航空发动机、机载系统和设备、零部件、地面设备、随机工具等研发、制造和修理的规模以上企业单位和全部事业单位。

3. 报送时间为3月30日前，报送方式为电子邮件。

生产、销售总值

表　　号：工信航空年5表
制表机关：工业和信息化部
批准机关：国家统计局
批准文号：国统制[2010]205号

企业详细名称　　201　年　　有效期至：2012年12月

指标名称	代码	计量单位	本年实际
工业总产值（当年价格）	01	万元	
其中：新产品产值	02	万元	
其中：民用飞机产品产值	03	万元	
民用飞机零部件产品产值	04	万元	
民用航空发动机产品产值	05	万元	
民用航空发动机零部件产品产值	06	万元	
其它民用航空产品及零部件产值	07	万元	
民用飞机修理产值（不含发动机）	08	万元	
民用航空发动机修理产值	09	万元	
其它民用航空产品及零部件修理产值	10	万元	
民用飞机机载系统和设备产值	11	万元	
工业销售产值（当年价格）	12	万元	
其中：出口交货值	13	万元	
全部从业人员年平均人数	14	人	

单位负责人：　　统计负责人：　　填表人：　　报出日期：201　年　月　日

说明：1. 本表由各省、自治区、直辖市民用航空工业管理部门、中国航空工业集团公司、中国商用飞机有限责任公司报送分单位数据。

2. 统计范围是各省、自治区、直辖市及中国航空工业集团公司下属从事民用航空器、民用航空发动机、机载系统和设备、零部件、地面设备、随机工具等研发、制造和修理的规模以上企业单位和全部事业单位。

3. 报送时间为3月30日前，报送方式为电子邮件。

主要经济指标

表　　号：工信航空年6表
制表机关：工业和信息化部
批准机关：国家统计局
批准文号：国统制[2010]205号
有效期至：2012年12月

企业详细名称　　　　201　年

指标名称	代码	计量单位	本年实际
一、年末资产负债	—	—	
流动资产合计	01	万元	
流动资产余额	02	万元	
固定资产合计	03	万元	
固定资产原价	04	万元	
其中：生产经营用	05	万元	
固定资产净值余额	06	万元	
资产总计	07	万元	
负债合计	08	万元	
所有者权益合计	09	万元	
其中：实收资本	10	万元	
二、损益及分配	—	—	
营业收入	11	万元	
其中：民用航空产品收入	12	万元	
营业成本	13	万元	
营业税金及附加	14	万元	
其他业务利润	15	万元	
营业费用	16	万元	
管理费用	17	万元	
财务费用	18	万元	
其中：利息支出	19	万元	
营业利润	20	万元	
补贴收入	21	万元	
利润总额	22	万元	
应交所得税	23	万元	
三、其他	—	—	
本年应交增值税	24	万元	
本年固定资产投资额	26	万元	
其中：民用航空产品	27	万元	
全部从业人员人数	28	人	
其中：工程技术人员	29	人	
其中：研究与试验发展人员	30	人	
研究与试验发展经费支出	31	万元	
其中：民用航空产品	32	万元	

单位负责人：　　　　统计负责人：　　　　填表人：　　　　报出日期：201　年　月　日

说明：1. 本表由各省、自治区、直辖市民用航空工业管理部门、中国航空工业集团公司、中国商用飞机有限责任公司报送分单位数据。

2. 统计范围是各省、自治区、直辖市及中国航空工业集团公司下属从事民用航空器、民用航空发动机、机载系统和设备、零部件、地面设备、随机工具等研发、制造和修理的规模以上企业单位和全部事业单位。

3. 报送时间为3月30日前，报送方式为电子邮件。

（二）定期报表

生产销售总值

表　　号：工信航空定1表
制表机关：工业和信息化部
批准机关：国家统计局
批准文号：国统制[2010]205号
有效期至：2012年12月

企业详细名称：　　　　201　年　季

指标名称	代码	计量单位	本季止累计	上年同期止累计
一、工业总产值（当年价格）	01	万元		
其中：民用飞机产品产值	02	万元		
民用飞机零部件产品产值	03	万元		
民用航空发动机产品产值	04	万元		
民用航空发动机零部件产品产值	05	万元		
其他民用航空产品及零部件产值	06	万元		
民用飞机修理产值（不含发动机）	07	万元		
民用航空发动机修理产值	08	万元		
其他民用航空产品及零部件修理产值	09	万元		
民用航空机载系统和设备产值	10	万元		
二、工业销售产值（当年价格）	11	万元		
其中：出口交货值	12	万元		
三、营业收入	13	万元		
其中：民用航空产品收入	14	万元		
四、利润总额	15	万元		

单位负责人：　　　　统计负责人：　　　　填表人：　　　　报出日期：201　年　月　日

说明：1. 本表由各省、自治区、直辖市民用航空工业管理部门、中国航空工业集团公司、中国商用飞机有限责任公司报送分单位数据。

2. 统计范围是重点民用航空产品生产企业。

3. 报送时间为季后10日前，报送方式为电子邮件。

民用航空产品生产经营情况

表　　号：工信航空定2表
制表机关：工业和信息化部
批准机关：国家统计局
批准文号：国统制[2010]205号
有效期至：2012年12月

企业详细名称：　　　　201　年　季

指标名称	计量单位	交付数量				新增订单					
		本季止累计	其中：出口	上年同期止累计	其中：出口	本季止累计		其中：出口		上年同期比累计	
						确认订单	意向订单	确认订单	意向订单	确认订单	意向订单
甲	乙	1	2	3	4	5	6	7	8	9	10
民用飞机合计	架										
根据本企业生产飞机型号（例如新舟60、ARJ21等）分别填报	架										
民用航空发动机整机合计	台										
根据本企业生产发动机型号（例如涡扇8A航空发动机等）分别填报	台										

指标名称	计量单位	新增订单 上年同期		储备订单订单							
		其中：出口		本季止累计		其中：出口		上年同期止累计		其中：出口	
		确认订单	意向订单	确认订单	意向订单	确认订单	意向订单	确认订单	意向订单	确认订单	意向订单
甲	乙	11	12	13	14	15	16	17	18	19	20

补充资料：
本季止交付飞机（发动机）合同金额____________________　万元　其中：出口　万元
本季止新增确认订单飞机（发动机）合同金额____________　万元　其中：出口　万元
本季止储备确认订单飞机（发动机）合同金额____________　万元　其中：出口　万元

单位负责人：　统计负责人：　填表人：　电话：　报出日期：20　年　月　日

民用航空产品转包生产情况

表　　号：工信航空定3表
制表机关：工业和信息化部
批准机关：国家统计局
批准文号：国统制[2010]205号
有效期至：2012年12月
计量单位：万美元

企业详细名称　　　　201　年　季

指标名称	交付金额		新增订单金额		储备订单金额	
	本季止累计	上年同期止累计	本季止累计	上年同期止累计	本季止累计	上年同期止累计
民用飞机零部件						
民用发动机零部件						
其他民用航空产品及零部件						

单位负责人：　　统计负责人：　　填表人：　　报出日期：201　年　月　日

说明：1. 本表由各省、自治区、直辖市民用航空工业管理部门、中国航空工业集团公司、中国商用飞机有限责任公司报送分单位数据。

2. 统计范围是重点民用航空产品生产企业。

3. 报送时间为季后10日前，报送方式为电子邮件。

四、主要指标解释

（一）法人单位基本情况

1. 组织机构代码（01）：指根据中华人民共和国国家标准《全国组织机构代码编制规则》（GB11714－1997），由组织机构代码登记主管部门给每个企业、事业单位、机关、社会团体和民办非企业颁发的在全国范围内唯一的、始终不变的法定代码。单位代码共9位，无论是法人单位还是产业活动单位，单位代码均由8位无属性的数字和一位校验码组成。所有单位均填写本项。

（1）法定代码填写规定

已经领取了法定代码的法人单位和产业活动单位必须使用法定代码，不得使用临时代码。在填写时，要按照技术监督部门颁发的《中华人民共和国组织机构代码证》上的代码填写，（也可参照税务部门颁发的税务登记证书上的税务登记号的后9位填写）。

（2）临时代码使用规定

尚未领到法定代码或不属于法定代码赋码范围的单位，一律由各级统计部门从临时码段中赋予代码。

★主要审核要求：

（1）所有单位均不能漏填；

（2）法人单位代码长度必须为9个字符；

（3）不能含有0—9或A—Z（必须大写）之外的字符。

2. 法人单位名称（02）：指经有关部门批准正式使用的单位全称。所有单位均填写本项。

企业的详细名称按工商部门登记的名称填写；行政、事业单位的详细名称按编制部门登记、批准的名称填写；社会团体、民办非企业单位和基层群众自治组织的详细名称按民政部门登记、批准的名称填写。填写时要求使用规范化汉字填写，并与单位公章所使用的名称完全一致。

凡经登记主管机关核准或批准，具有两个或两个以上名称的单位，要求填写一个法人单位名称，同时用括号注明其余的单位名称。

★主要审核要求：

（1）所有单位均不能漏填；

（2）必须与单位公章所使用的名称完全一致；

（3）使用规范的汉字。

3. 法定代表人（单位负责人）（03）：指依照法律或者法人组织章程规定，代表法人行使职权的负责人。所有单位均填写本项。

企业法定代表人按《企业法人营业执照》法定代表人填写；事业单位法定代表人按《事业单位法人证书》填写；机关的法定代表人填写单位主要负责人；社团法定代表人按《社团法人登记证》填写；民办非企业单位按《民办非企业登记证书》填写；产业活动单位填写本单位的主要负责人。

★主要审核要求：

（1）所有单位均不能漏填；

（2）不能填写官称或职称。

4. 单位详细地址（04）：要求写明单位所在的省（自治区、直辖市）、地（区、市、州、盟）、县（区、市、旗）、乡（镇）以及具体街（村）的名称和详细的门牌号码，不能填写通讯号码或通讯信箱号码。所有单位均填写本项。

★主要审核要求：

（1）所有单位均不能漏填；

（2）街（村）、门牌号要详细填写。

5. 联系方式（05）：包括长途区号、电话号码、分机号、传真号码、邮政编码、电子信箱。所有单位均填写本项。

在填写电话号码时，将号码以左顶齐方式从左向右填写在方框内；号码超过所列空位时，向方框外右面扩充。电话号码以填写固定座机电话号码为主，对于确实没有座机电话号码的单位，可以填写主要负责人的移动电话号码。

★主要审核要求：

（1）所有单位均不能漏填；

（2）不能含有0—9之外的字符；

（3）长途区号首位必须为0。

6. 行业类别（06）：是根据其从事的社会经济活动性质对各类调查单位进行分类。填报时应统一按照国家统计局2002年制定的《国民经济行业分类与代码》（GB/T4754/2002）的小类类别和代码填写。一个企业属于哪个工业行业，是按正常生产情况下生产的主要产品的性质（按其重要程度或总产值所占比重），把整个企业划入某一工业行业小类内。所有单位均填写本项。

7. 登记注册类型（07）：指企业或企业产业活动单位的登记注册类型，按其在工商行政管理机关登记注册的类型填写。所有单位均填报本项。

机关、事业单位和社会团体及其他组织的登记注册类型，按其主要经费来源和管理方式，根据实际情况，比照《企业登记注册类型与代码》确定。

工商行政管理部门对企业（单位）登记注册的类型分为以下几种：

（1）国有企业：指企业全部资产归国家所有，并按《中华人民共和国企业法人登记管理条例》规定登记注册的非公司制的经济组织。不包括有限责任公司中的国有独资公司。

（2）集体企业：指企业资产归集体所有，并按《中华人民共和国企业法人登记管理条例》规定登记注册的经济组织。

（3）股份合作企业：指以合作制为基础，由企业职工共同出资入股，吸收一定比例的社会资产投资组建，实行自主经营，自负盈亏，共同劳动，民主管理，按劳分配与按股分红相结合的一种集体经济组织。

（4）联营企业：两个及两个以上相同或不同所有制性质的企业法人或事业单位法人，按自愿、平等、互利的原则，共同投资组成的经济组织称为联营企业。联营企业包括国有联营企业、集体联营企业、国有与集体联营企业和其他联营企业。

国有联营企业：指所有联营单位均为国有。

集体联营企业：指所有联营单位均为集体。

国有与集体联营企业：指联营单位既有国有也有集体。

其他联营企业：指上述三种联营企业之外的其他联营形式的企业。

（5）有限责任公司：根据《中华人民共和国公司登记管理条例》规定登记注册，由两个以上，50个以下的股东共同出资，每个股东以其所认缴的出资额对公司承担有限责任，公司以其全部资产对其债务承担责任的经济组织称为有限责任公司。有限责任公司分为国有独资公司以及其他有限责任公司。

国有独资公司：指国家授权的投资机构或者国家授权的部门单独投资设立的有限责任公司。

其他有限责任公司：是国有独资公司以外的其他有限责任公司。

（6）股份有限公司：指根据《中华人民共和国公司登记管理条例》规定登记注册，其全部注册资本由等额股份构成并通过发行股票筹集资本，股东以其认购的股份对公司承担有限责任，公司以其全部资产对其债务承担责任的经济组织。

（7）私营企业由自然人投资设立或由自然人控股，以雇佣劳动为基础的营利性经济组织称为私营企业。包括按照《公司法》、《合伙企业法》、《私营企业暂行条例》以及《个人独资企业法》规定登记注册的私营独资企业、私营有限责任公司、私营股份有限公司、私营合伙企业和个人独资企业。

私营独资企业：指按《私营企业暂行条例》的规定，由一名自然人投资经营，以雇佣劳动为基础，投资者对企业债务承担无限责任的企业。

个人独资企业：指按《个人独资企业法》、《个人独资企业登记管理办法》的规定，由一个自然人投资，财产为投资人个人所有，投资人以其个人财产对企业债务承担无限责任的经营实体。个人独资企业填表时归入私营独资企业。

私营合伙企业：指按《合伙企业法》或《私营企业暂行条例》的规定，由两个以上自然人按照协议共同投资、共同经营、共负盈亏，以雇佣劳动为基础，对债务承担无限责任的企业。

私营有限责任公司：指按《公司法》、《私营企业暂行条例》的规定，由两个以上自然人投资或由单个自然人控股的有限责任公司。

私营股份有限公司：指按《公司法》的规定，由5个以上自然人投资，或由单个自然人控股的股份有限公司。

（8）其他内资企业：指上述第（1）条至第（7）条之外的其他内资经济组织。

（9）与港澳台商合资经营企业：指港澳台地区投资者与内地的企业依照《中华人民共和国中外合资经营企业法》及有关法律的规定，按合同规定的比例投资设立，分享利润和分担风险的企业。

（10）与港澳台商合作经营企业：指港澳台地区投资者与内地企业依照《中华人民共和国中外合作经营企业法》及有关法律的规定，依照合作合同的约定进行投资或提供条件设立，分配利润、分担风险和亏损的企业。

（11）港澳台商独资经营企业：指依照《中华人民共和国外资企业法》及有关法律的规定，在内地设立的由港澳台地区投资者在内地全额投资设立的企业。

（12）港澳台商投资股份有限公司：指根据国家有关规定，经商务部（原外经贸部）批准设立，并且其中港、澳、台商的股本占公司注册资本的比例达25%以上的股份有限公司。凡其中港、澳、台商的股本占公司注册资本的比例小于25%的，属于内资中的股份有限公司。

（13）中外合资经营企业：指外国企业或外国人与中国内地企业依照《中华人民共和国中外合资经营企业法》及有关法律的规定，按合同规定的比例投资设立，分享利润和分担风险的企业。

（14）中外合作经营企业：指外国企业或外国人与中国内地企业依照《中华人民共和国中外合作经营企业法》及有关法律的规定，依照合作合同的约定进行投资或提供条件设立，分配利润、分担风险和亏损的企业。

（15）外资企业：指依照《中华人民共和国外资企业法》及有关法律的规定，在中国内地设立的由外国投资者全额投资设立的企业。

（16）外商投资股份有限公司：指根据国家有关规定，经商务部（原外经贸部）批准设立，并且其中外资的股本占公司注册资本的比例达25%以上的股份有限公司。凡其中外资股本占公司注册资本的比例小于25%的，属于内资中的股份有限公司。

在具体填报时应注意：

（1）社区（居委会）、村委会的登记注册类型应选填“其他内资”；

（2）如单位登记注册类型改变，但未重新办理变更登记，应按原登记注册类型填写；

（3）对营业执照上的登记注册类型只填写“有限责任公司”的情况，统计人员要认真查询。首先，查看其《营业执照》上编码，区分是私营企业还是非私营企业。其识别方法为看营业执照上的编码左数第七位，为1的是非私营企业，为2的是私营企业；然后，再根据其是否为国家授权的投资机构或者国家授权的部门单独投资设立的公司来确定其登记注册类型是“国有独资公司”还是“其他有限责任公司”，并填写相应的代码。

★主要审核要求：

（1）所有单位均不能漏填；

（2）不能含有表中所列代码以外的任何字符。

8. 主要民用航空产品名称：指已取得民用航空适航型号合格证与生产许可证，和以取得民用航空适航型号合格证与生产许可证为研制目标的航空飞行器名称。

9. 企业境外投资情况（10）：填报本单位对外投资国别、金额情况。

10. 企业利用外资情况（11）：填报本单位利用外资国别、金额情况。

11. 特种行业许可证审批单位（12）：填报审批许可证机关名称。

（二）民用航空产品交付情况

1. 民用航空产品：民用航空器指已取得民用航空适航型号合格证与生产许可证，和以取得民用航空适航型号合格证与生产许可证为研制目标的航空飞行器。

2. 交付订单：是指报告期交付的全部有效合同订单，其中：本年出口不包括转包生产。

3. 累计交付数量：是指该产品自首次交付起至报告期止所有有效合同订单数量，即民用飞机累计交付架数、发动机整机个数。

（三）民用航空产品新增订单和储备订单

1. 民用航空产品：民用航空器指已取得民用航空适航型号合格证与生产许可证，和以取得民用航空适航型号合格证与生产许可证为研制目标的航空飞行器。

2. 新增订单合同：是指报告期内新增的全部合同订单，包括确认订单和意向订单，其中出口不包括转包生产。

3. 储备订单合同：是指报告期末尚未交付的全部合同订单，包括确认订单和意向订单，其中出口不包括转包生产。

（四）民用航空产品转包生产情况

转包生产：转包业务是航空制造业的一种贸易方式，是严格按照外国公司的图纸、工艺、质量及交付进度要求，由中国的航空制造企业为外国公司生产飞机和航空发动机等零部件或有关设备的工业生产行为，其包括飞机、航空发动机、航空机载设备及其衍生产品的零部件和航空地面设备等，在中国属于“加工贸易”范畴。

（五）生产、销售总值

1. 工业总产值（当年价格）（01）：指工业企业在本年内生产的以货币形式表现的工业最终产品和提供工业劳务活动的总价值量。

（1）工业总产值计算应遵循的原则

①工业生产的原则。即凡是企业在本年内生产的最终产品和提供的劳务，均应包括在内。其中的最终产品，不管是否在本年内销售，只要是本年内生产的，就应包括在内。凡不是工业生产的产品，均不得计入工业总产值。

②最终产品的原则。即企业生产的成品价值必须是本企业生产的，经检验合格不需再进行任何加工的最终产品。企业对外销售的半成品也应视为最终产品计入工业总产值。而在本企业内各车间转移的半成品和在制品只能计算其期末期初差额价值。

③“工厂法”原则。即以法人工业企业作为一个整体计算工业总产值，是其本年内生产的最终产品和提供劳务的总价值量。

（2）工业总产值的内容

包括三部分：生产的成品价值、对外加工费收入、自制半成品在制品期末期初差额价值。

①成品价值：指企业在本年内生产，并在本年内不再进行加工，经检验合格、包装入库的已经销售和准备销售的全部工业成品（包括半成品）价值合计。成品价值中包括企业生产的自制设备及提供给本企业在建工程、其他非工业部门和生活福利部门等单位使用的成品价值，但不包括用订货者来料加工的成品（半成品）价值。

工业总产值是按现行价格计算的。成品价值按成品实物量乘以本年不含应交增值税（销项税额）的产品实际销售平均单价计算。会计核算中按成本价格转帐的自制设备和自产自用的成品，按成本价格计算生产成品价值。

②对外加工费收入：指企业在本年内完成的对外承做的工业品加工（包括用订货者来料加工生产）的加工费收入和对外工业品修理作业所收取的加工费收入。对外加工费收入按不含应交增值税（销项税额）的价格计算，可根据会计“产品销售收入”科目的有关资料取得。

对于以对外加工生产为主，对外加工费收入所占比重较大的企业，如果对外加工费收入出现跨年度支付的情况，为保证总产值生产口径计算的准确性，则应将对外加工费收入按实际情况调整，记录本年应实际收取的对外加工费收入。

③自制半成品在制品期末期初差额价值。为了使工业总产值与工业中间投入中的物耗价

值一致，以便同口径地计算工业增加值，规定本指标的计算原则是：凡是企业会计产品成本核算中计算半成品、在制品成本，则工业总产值中必须包括自制半成品在制品期末期初差额价值。反之则不包括。

自制半成品在制品期末期初差额价值等于自制半成品在制品期末价值减去期初价值后的余额，如果期末价值小于期初价值，该指标为负值，企业在计算产值时，应按负值计算，不能作为零处理。

（3）工业总产值计算的几种具体规定

①凡自备原材料，不论其加工繁简程度如何，一律按全价，即包括自备原材料的价值，计算工业总产值。

②凡来料加工，加工企业一律按财务上结算的加工费计算工业总产值，即不包括定货者来料的价值。一般分两种情况：a. 工业企业之间的来料加工，加工企业（即承包单位）按财务上结算的加工费计算工业总产值；委托加工的企业（即发包单位）按全价计算工业总产值。b. 工业企业与非工业企业之间的来料加工，当工业企业作为加工企业时一律按加工费计算工业总产值。

③自制半成品、在制品期末期初差额价值，原则上应计入工业总产值，但如果会计产品成本核算中不计算自制半成品、在制品成本，则不计入工业总产值；如果会计产品成本核算中计算自制半成品、在制品成本的，则计入工业总产值。

2. 新产品产值（02）：指报告期本企业生产的新产品的价值，既包括经政府有关部门认定并在有效期内的新产品，也包括企业自行研制开发，未经政府有关部门认定，从投产之日起一年之内的新产品。

3. 工业销售产值（当年价格）（11）：是以货币形式表现的，工业企业在本年内销售的本企业生产的工业产品或提供工业性劳务价值的总价值量。工业销售产值包括的内容为：

（1）销售成品价值：指企业在报告期内实际销售（包括本期生产和非本期生产）的全部成品、半成品的总价值，即按报告期产品的实际销售数量乘以不含增值税（销项税额）的产品实际销售平均单价计算。销售成品价值包括为本企业在建工程，生活福利部门等提供的成品和自制设备价值，不包括用定货者来料加工的成品和半成品价值。

（2）对外加工费收入：指企业在报告期内完成的对外承接的工业品加工（包括用定货者来料加工的产品）的加工费收入；对外工业品修理作业可收取的加工费收入和对内非工业部门提供的加工修理、设备安装等收入。对外加工费收入按不含增值税（销项税额）的价格计算。

4. 出口交货值（12）：指工业企业交给外贸部门或自营（委托）出口（包括销往香港、澳门、台湾），用外汇价格结算的产品价值，以及外商来样、来料加工、来件装配和补偿贸易等生产的产品价值。在计算出口交货值时，要把外汇价格按交易时的汇率折成人民币计算。

5. 工业增加值（14）：指在一定时期内以货币表现的工业生产活动的最终成果，是工业企业全部生产活动的总成果扣除了生产过程中消耗或转换的物质产品和劳务价值后的余额，是工业生产过程中新增加的价值。

工业增加值有两种计算方法：一是生产法，即工业总产出减去工业中间投入；二是收入法，根据生产要素在生产过程中应得到的收入份额计算，具体构成项目有固定资产折旧、劳动者报酬、生产税净额、营业盈余，这种方法也称要素分配法。工业企业一般按生产法计算。

6. 从业人员：指在企业工作并取得劳动报酬的全部人员数。包括在岗职工、再就业的离退休人员及在企业工作的外方人员和港澳台方人员、兼职人员、借用的外单位人员和第二职业者。不包括离开本单位但仍保留劳动关系的职工。该指标反映了一定时期内全部劳动力资源的实际利用情况。

从业人员平均人数＝报告期内每天平均拥有的从业人员人数。

从业人员年平均人数＝全年各月平均人数之和/12

（六）主要经济指标

1. 流动资产（01）：指企业可以在一年内或者超过一年的一个生产周期内变现或者耗用的资产，包括现金及各种存款、短期投资，应收及预付款项、存货等。根据会计“资产负债表”中“流动资产合计”项的期末数填列。

2. 流动资产平均余额（02）：指企业在报告期内全部流动资产的平均余额。计算公式为：

$$流动资产年平均余额=\frac{1至12月各月流动资产平均余额之和}{12}$$

或：

$$流动资产年平均余额=\frac{1至12月各月月初、月末流动资产之和}{24}$$

其中：

$$流动资产月平均余额=\frac{月初流动资产合计+月末流动资产合计}{2}$$

$$流动资产季平均余额=\frac{季内各月流动资产平均余额}{3}$$

3. 固定资产原价（04）：指企业在建造、购置、安装、改建、扩建、技术改造某项固定资产时所支出的全部货币总额。根据会计“资产负债表”中“固定资产原价”项的期末数填列。

4. 生产经营用固定资产（05）：固定资产按其经济用途和使用情况综合分为七大类：生产经营用固定资产、非生产经营用固定资产、租出固定资产、不需用固定资产、未使用固定资产、土地、融资租入固定资产。

生产经营用固定资产指直接服务于企业生产、经营过程的各种固定资产，包括生产经营用的房屋、建筑物、机器设备、器具、工具等。

5. 固定资产净值年平均余额（06）：固定资产净值指固定资产原价减去累计折旧后的净额，其平均余额指报告期内余额的平均数。计算公式为：

$$固定资产净值年平均余额=\frac{1至12月各月固定资产净值平均余额之和}{12}$$

或：

$$固定资产净值年平均余额=\frac{1至12月各月月初、月末固定资产净值之和}{24}$$

其中：

$$固定资产净值月平均余额=\frac{月初固定资产净值+月末固定资产净额}{2}$$

6. 资产总计（07）：指企业拥有或控制的能以货币计量的经济资源，包括各种财产、债权和其他权利。资产按其流动性（即资产的变现能力和支付能力）划分为：流动资产、长期投资、固定资产、无形资产、递延资产和其他资产。根据会计“资产负债表”中“资产总计”项的期末数填列。

7. 负债合计（08）：指企业所承担的能以货币计量，将以资产或劳务偿付的债务，偿还形式包括货币、资产或提供劳务。负债一般按偿还期长短分为流动负债和长期负债。根据会计“资产负债表”中“负债合计”的期末数填列。

8. 所有者权益合计（09）：指企业投资人对企业净资产的所有权。企业净资产为企业全部资产与企业全部负债的差额，包括实收资本、资本公积、盈余公积、未分配利润等。根据会计“资产负债表”中“所有者权益”项的期末数填列。

9. 实收资本（10）：指企业投资者实际投入的资本（或股本），包括货币、实物、无形资产等各种形式的投入。实收资本按投资主体可分为国家资本、集体资本、法人资本、个人资本、港澳台资本和外商资本。根据会计“资产负债表”中“实收资本”项的期末数填列。

10. 主营业务收入（11）：根据会计“利润表”中对应指标的本年累计数填列。未执行2001年《企业会计制度》的企业，用“产品销售收入”的本期累计数代替。

11. 主营业务成本（13）：根据会计“利润表”中对应指标的本年累计数填列。未执行2001年《企业会计制度》的企业，用“产品销售成本”的本期累计数代替。

12. 主营业务税金及附加（14）：根据会计“利润表”中对应指标的本年累计数填列。未执行2001年《企业会计制度》的企业，用“产品销售税金及附加”的本期累计数代替。

13. 营业费用（16）：根据会计“利润表”中对应指标的本年累计数填列。未执行2001年《企业会计制度》的企业，用“产品销售费用”的本期累计数代替。

14. 管理费用（17）：指企业行政管理部门为组织和管理生产经营活动而发生的各项费用。根据会计“利润表”中对应指标的本期累计数填列。

15. 财务费用（18）：指企业为筹集生产经营所需资金等而发生的费用，包括利息支出、汇兑损失以及相关的金融机构手续费等。根据会计“利润表”中对应指标的本期累计数填列。

16. 利息支出（19）：指企业在生产经营期间利息支出扣除利息收入后的净额。根据会计“财务费用”科目归纳计算本期累计数填列。

17. 补贴收入（21）：指企业实际收到的补贴收入，包括实际收到的先征后返的增值税；企业按销量或工作量等，依据国家规定的补助定额计算并按期给予的定额补贴。根据“补贴收入”的发生额分析填列。

18. 利润总额（22）：指企业在生产经营过程中各种收入扣除各种耗费后的盈余，反映企业在报告期内实现的亏盈总额，包括营业利润、补贴收入、投资净收益和营业外收支净额。根据会计“利润表”中的对应指标的本期累计数填列。

19. 应交所得税（23）：指企业按税法规定，应从生产经营等活动的所得中交纳的税金。根据会计“利润表”中的对应指标的本期累计数填列。

20. 本年应交增值税（24）：指企业按税法规定，从事货物销售或提供加工、修理修配劳务等增加货物价值的活动本期应交纳的税金。指企业在报告期应交增值税额。计算公式为：

本年应交增值税＝销项税额－(进项税额－进项税额转出)

－出口抵减内销产品应纳税额－减免税款＋出口退税

21. 工业中间投入（25）：指工业企业在报告期内用于工业生产活动所一次性消耗的外购原材料、燃料、动力及其他实物产品和对外支付的服务费用，是计算工业增加值的基础指标。工业中间投入的计算对企业来讲，难度相对较大，需要对企业内部会计明细表的有关科目进行归类整理计算。因此，准确掌握中间投入的计算原则和资料取材方法是十分重要的。

计算工业中间投入须遵循以下三条原则

（1）必须是从企业外部购入的产品和服务的价值，不包括生产过程中回收的废料以及自制品的价值。

（2）必须是本期投入生产，并一次性消耗的产品和服务的价值，不包括固定资产等的转移价值。

（3）工业中间投入的计算口径必须与工业总产值的计算口径一致，即计入了工业中间投入产品和服务的价值必须是计入了工业总产值的部分。

为了使工业中间投入的计算更加准确，将工业中间投入进一步细分为直接材料、制造费用中的中间投入、管理费用中的中间投入、营业费用中的中间投入和财务费用五个指标，企业应首先计算出这五个指标，再加总计算出工业中间投入合计。其中直接材料、财务费用根据有关会计明细科目填报。制造费用中的中间投入、管理费用中的中间投入、营业费用中的中间投入可采用倒扣法，即从制造费用、管理费用、营业费用中分别扣除下列项目：（1）固定资产折旧和修理费用的摊销；（2）直接或间接支付给个人的部分，如工资、福利费、劳动保险费、待业保险费、住房公积金、差旅费中个人所得部分等；（3）支付给不构成非物质生产部门（指除工业，农业，运输邮电业，建筑业，批发、零售、贸易、餐饮业以外的部分）收入的各种税金、规费及其他费用，如房产税、车船使用税、土地使用税、印花税、矿山资源补偿费、排污费……。

22. 本年固定资产投资额（26）：以货币形式表现的在一定时期内建造和购置固定资产的工作量以及与此相关的费用的总称。

23. 民用航空产品固定资产投资额（27）：以货币形式表现的在一定时期内建造和购置生产民用航空产品的固定资产的工作量以及与此相关的费用。

24. 全部从业人员人数（28）：指在企业工作并取得劳动报酬的全部人员数。包括在岗职工、再就业的离退休人员及在企业工作的外方人员和港澳台方人员、兼职人员、借用的外单位人员和第二职业者。不包括离开本单位担仍保留劳动关系的职工。该指标反映了一定时期内全部劳动力资源的实际利用情况。

25. 工程技术人员（29）：指负担工程技术和工程技术管理工作并具有工程技术能力的人员，填报告期末人数。包括：①取得工程技术职务资格，已被聘或任命工程技术职务，并担任工程技术工作的人员；②无工程技术职务，但取得工程技术职务资格或从大学、中专理工科系毕业，并担任工程技术工作的人员；③未取得工程技术资格或学历，但实际担任工程技术工作的人员；④已取得工程技术职务资格或从大学、中专理工科系毕业，在企业中担任工程技术管理工作的人员。包括：总工程师、车间主任，以及在计划、生产、生产准备、检查、安全技术、设计、工艺、劳动定额、工具准备、动力、基建、环境保护等科室从事工程技术管理工作的人员。不包括已取得工程技术职务资格或从大学、中专理工科系毕业，但未担任任何工程技术和工程技术管理工作的人员。

26. 研究与试验发展（R&D）：指在科学技术领域，为增加知识总量、以及运用这些知识去创造新的应用进行的系统的创造性的活动，包括基础研究、应用研究和试验发展三类活动。在工业企业开展的研究与试验发展（R&D）活动中，较为普遍的和大量的活动属于试验发展活动。

27. 研究与试验发展（R&D）人员（31）：指企业科技活动人员中从事基础研究、应用研究和试验发展三类活动的人员。包括直接参加上述三类项目活动的人员及这三类项目的管理和服务人员。上述三类项目的管理和服务人员，可按研究与试验发展（R&D）项目人员占全部科技项目人员的比重进行推算。

28. 研究与试验发展（R&D）经费支出（32）：指报告年度在企业科技活动经费内部支出中用于基础研究、应用研究和试验发展三类项目以及这三类项目的管理和服务的费用支出。不论何种经费来源，只要实际用于上述三类项目的经费支出都应计算在内。具体计算办法：可将企业全部科技项目中确定为基础研究、应用研究和试验发展三类项目的经费支出加总，再加上按上述三类项目支出占全部科技项目经费支出比重计算分摊的科技管理和服务费用取得。上述三类项目经费支出包括的内容与科技活动经费内部支出按用途分组所列的支出项一致。

五、行业分类注释

3741　飞机制造

指在大气同温层内飞行的用于运货或载客，用于国防，以及用于体育运动或其他用途的各种飞机及其零件的制造，包括飞机发动机的制造。

包括对下列飞机的制造活动：

——（航空器用发动机）

——活塞式发动机：星形发动机、水平对置型发动机、其他活塞式发动机；

——涡轮发动机：涡轮喷气发动机、涡轮风扇发动机、涡轮螺桨发动机、涡轮轴发动机、其他涡轮发动机；

——喷气发动机：冲压式发动机、脉冲式发动机、其他喷气发动机；

——飞机用活塞发动机零件；

——民用飞机、民用直升机；

——飞机及直升机零件：机身体段及内外部零件，螺旋桨、旋翼、尾桨及零件，起落架及其零件，机载设备及其零部件，其他飞机及直升机零件；

——其他未列明飞机制造。

不包括：

——轻于空气的飞行器、气球等，列入 3749（其他航空航天器制造）；

——航天飞机和航天飞机发射装置的制造，列入 3742（航天器制造）；

——飞机上使用的带有电阻器的粒子加速器、信号发电机以及其他发动机械和装置，列入 3899（其他未列明的电气机械及器材制造）。

4343　航空航天器修理

包括对下列航空航天器的修理活动：

——各种民用航空器及器材专业修理。

不包括：

——民用航空器及器材回生产厂修理，列入 374（航空、航天器及设备制造）相关类别中。